倾听内心的声音

展开隐形的翅膀

让我们一起朝着梦想飞

聂平（加菲爱人 Jessi）

我在旧金山联合广场

我在朋友小月家门前

我在硕士毕业典礼中上台领取毕业证书 摄影者：刘广群

我在社区大学“选课惊魂”那间教室里

在朋友家前院，找回
丢失墨镜的那天

夏天在爱荷华公婆家门前

加州一号公路自驾“海边弄潮”

在卡斯楚同性恋
街成人用品店里，
棒棒糖上的字是
“我欲火焚身”

我和女儿桑妮

我和杰夫的万圣节装扮

杰夫

在加州首府门前，狗哥对我“飞鸟儿”，无声抗议我的偷拍

杰夫在拉斯维加斯“欣赏”艺术品

杰夫在 11 州自驾游途中

冬季回爱荷华过圣诞，杰夫带我出来看雪

圣诞节在公婆家拆礼物

我和世界著名心理学家斯坦尼 摄影者：Ron Boyer（左：聂平，右：斯坦尼教授）

我和琼・休斯敦 (Jean Houston) 希拉里・克林顿私人顾问 摄影者：Ron Boyer

在伯克利第 31 届《梦的研究》国际大会上

参加 CIIS 校长家学术沙龙
摄影者：Daniel Deslauriers

我和心理学硕士同学们篝火狂欢 摄影者：Robert Morris

我在课堂上用脚底对着教授——著名心理学家杰瑞米·泰勒

到美国第一天，对我说“Enjoy Home”的机场大巴司机

在斯坦福大学校园里，一群拍摄搞笑自娱视频的学生们

在红杉林旁海鲜馆遇到的父亲为澳门人的女士和她的朋友（书中提到）

热爱阳光、喜欢户外的加州人

左：心理学课上的沙盘作品 1（书中提到）
右：心理学课上的沙盘作品 2

我家后院的苹果树（书中提到）

我的社区大学校园一角

美丽的旧金山湾

我的书房，充满了中国元素

我家房前一景

By
Nie Ping
聂平 / 著

一 个 中 国 女 人 从 贵 州 到 加 州 的 追 梦 之 路

# 猫眼看美国

中国青年出版社
CHINA YOUTH PRESS
中青文传媒

**图书在版编目(CIP)数据**

猫眼看美国：一个中国女人从贵州到加州的追梦之路 / 聂平著.
—北京：中国青年出版社，2014.8
ISBN 978-7-5153-2663-4
Ⅰ.①猫… Ⅱ.①聂… Ⅲ.①成功心理－通俗读物 Ⅳ.①B848.4-49
中国版本图书馆CIP数据核字（2014）第195064号

## 猫眼看美国：
## 一个中国女人从贵州到加州的追梦之路

作　　者：聂　平
责任编辑：肖　佳　庞冰心
美术编辑：李　甦
出　　版：中国青年出版社
发　　行：北京中青文文化传媒有限公司
电　　话：010-65511270/65516873
公司网址：www.cyb.com.cn
购书网址：zqwts.tmall.com　www.diyijie.com
制　　作：中青文制作中心
印　　刷：北京中科印刷有限公司
版　　次：2015年1月第1版
印　　次：2015年1月第1次印刷
开　　本：880×1230　1/32
字　　数：178千字
印　　张：9
书　　号：ISBN 978-7-5153-2663-4
定　　价：36.00元

本书献给

一直没有真正放弃我的生活

和给了我新生命的爱人

不管曾经走得多么艰难，不管生活把我磨砺得多么粗糙，我始终没有忘记最初的梦想和对自己的承诺，小心翼翼保护着那株幼苗，让它今天终于长成参天大树，让我梦想成真。

感恩生活。感谢坚持。

# 目／录

## 中 篇 065

## 在北美大陆学习与工作，痛并快乐着

## 下 篇 175

## 斑斓美国，地球另一面的风景

# 代／序

## 行走中的坎坷和收获

我是个非常幸运幸福的男人。在生命之旅中，我不仅遇到，而且娶到了这个美好的女人——聂平，做我的妻子。

在这个世界上，很多人只看得到生活的表面，而平的目光却越过浮尘、穿透表层，看到了使琐事精彩、使人性特别、使生活更美的精髓。她以一种特别的才能和方式与我们分享并感受了她充满情感的经历和感悟。我和她在一起生活时间越久，交谈越深，通过Google翻译器读她的文字越多，就越能理解为什么会有这么多人喜欢她的故事、她的文字。

这本书里的故事，仅仅是平初入美国开始她新的人生所经历和感悟的一部分。顺着她惊喜、新奇的目光，透过她独特、敏锐的感受和感知美的眼睛，我也欣喜地重新看见了那些早已因为过于熟悉而被忽略了的美。我的心变得更加柔软，对生活充满更多的喜悦和感激。虽然因篇幅限制，本书不能囊括她拍摄的所有照片，但她的博客读者和我知道，她那些以独特视角构建出来的景色和生活细节，有着何种深邃而和谐的美丽，而我们自己的眼睛却无意中忽视了。是她把这一切重新展示在我们面前。

当然，在这里，她也经历了一些“糗大了”的事和一些极具挑战性的时刻，如因不熟悉路况逆行而让警察抓个正着，被罚款几百美金；如因学校的停车位爆满，无法泊车去上课而在电话里对着我无助地大“哭鼻子”；如开始选课时不知道还可以先选教授，以至于弄得自己手忙脚乱去改课，四只“猫爪”一起上阵也觉得不够用……

搬到一个完全陌生的国家居住，嫁给一个异族人，远离家人和朋友，每日生活里由于不熟悉的环境和不甚和胃口的食物带来的困难和沮丧（不过她确实非常喜欢我烤的big ass[①]牛排），即使用“冒险”这个词也不足以描述每时每刻在这个陌生国度里遭遇的未知经历。但是平不仅“幸存”下来，而且以令人难以置信的勤奋和努力完成了在索诺马州立大学的心理学硕士学业，拿到了美国硕士证书，扎下根来茁壮成长了！我相信有过留学经历的中国学生都知道，在美国读书的最大困难之一是因为英语不是母语而难以驾驭。荣格心理学因其以西方文化和宗教为背景，对生长在东方文化里的平来说是陌生和深邃的，从而使这第二语言变得更加晦涩、艰深，更加难以驾驭。本书中有几个故事就描述了那些沮丧而痛苦的时刻。不过因为她对人性和自然的热爱，我能高兴地看出和感觉到她在获得某些感悟和进展时的狂喜。她告诉我，中国人说这种情况是“痛并快乐着”，非常确切！

① big ass是美国人喜欢说的一个形容词，形容某样东西很大、很酷，或很糟糕等，表示一种程度，千万不要理解成大屁股。

不过我敢打赌，她也很喜欢、很享受学习用英语俚语在那些生气和失望时能狠狠发泄一下的痛快和开心快乐时能尽情表达的乐趣。她常常饶有兴趣地向我求证某些词或短语的这类用法，甚至用来“骂”我。她的故事里也讲述了这样的痛快和乐趣。

她特别的生活经历和独特的感悟在博客上发表后，触动了很多人心底的某些隐秘部位，这可以从她每天收到的或公开或私密的感谢和求助信息中看出来。我们通过她的文字了解她本人，更多的，借着她穿透表层的目光，看到了深藏于我们熟视无睹的生活和人性中的美好。她的文字，散发出阳光的能量，让人心情开朗，微笑轻漾在脸上。在《哈佛幸福课》上，塔尔教授指出：要和心态积极的人交朋友，要接受充满活力和正能量的信息。我这么说可不是为了推销老婆大人的书，而是诚挚而客观地说明，拥有这本书可以带给你美好的能量，进而也许带给你更加美好的生活。

我有无与伦比的骄傲，为我的妻子平在她人生道路上所做的一切努力。希望她勇敢的经历、独特的感悟能帮助你们发现深藏在自己的生活和心底的美好，希望她的勇气能为你们在追求自己幸福生活的道路上助一臂之力，希望她热爱生活的态度能使你们在自己的人生冒险中得到指引和祝福。

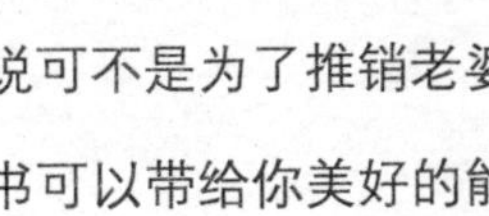

（杰弗瑞·A. 斯威茨卡，Jeffrey A. S.，聂平的丈夫，德国安联集团美国加州子公司金融专家）

# 推／荐／序

## 中国眼睛看美国：成长路上的独特风景

几年前与平认识，成为好朋友，是件开心的事；得知她的博客有如此多的人喜欢，更是非常为她开心！ 平有一颗敏感善良的心，能准确而细微地观察和感知到人世间的痛苦和欢乐、高潮与低谷。她把这一切写进自己的博客，进而得到精选被收集到这本书里。她在书中描述的很多场景是我一直很熟悉的，但透过她的眼睛再来看它们，又有了新的感受。平独有的天赋和视角，使她从很多生活在其中的美国人熟视无睹的日常生活中看到了不平常的一面。

在勤奋地更新博客的同时，平申请了加州索诺马州立大学心理学硕士项目，通过多方考核后成功被录取，开始学习、研究这所大学提供的一些最难的课程。两年后，平以优异成绩毕业，获得荣格心理学硕士学位。这再次证明了平是一个天资聪颖、目标明确、充满激情、富于创造的人，为追逐自己的梦想勇敢而执着。她努力奋斗的经历和感悟在书中有详细而感人的描述。作为她的朋友，我为她骄傲。

在平的这本书中，我非常喜欢的一部分是她关于美国家庭和朋友的描写。当美国在遭受自然和人为的伤害时，大家总是万众一心团结一致共同应对灾难。我在中国也看到了这种集体精神——我曾经多次去过这个美丽的国家。我在那里主持心理学工作坊时，给参与者提供了多种体验方式。有时候是让他们画一幅画，有时候是让他们写一个故事，我注意到参与者们并不想独占鳌头以获得指导者的嘉奖，而是相互帮助，彼此为大家完成任务而高兴。

多年前，我第一次中国之行就发现了这点。我当时在一所小学观看孩子们演出，那是一幕有关远大抱负的短剧，在剧中，他们相互帮助，共同努力，完成任务，然后相互庆贺成功。另一次，在低年级六七岁孩子们的一场道德课表演中，一个小女孩把手中篮子里的苹果分发给同学们，最后剩下一大一小两个苹果，她略微思考了一下，然后告诉观众：我将把这个大的苹果给同学，自己留下小的。这周到无私的行为获得了我和我的美国同行们热烈的掌声。

1950年，当我还在威斯康辛州读高中时，参议员亚历山大·威利到我们学校参观，我和同学们都非常激动，因为他是参议院里非常著名的人物，同时也是外交事务委员会影响力极大的一员。在他对几百名年轻学子演讲的最后，被问到：在你漫长卓著的一生中有哪些东西是你学到的最重要的？他说，在我的人生路上，我学到的最有价值的东西可以简单地用三个词概括：Live，Laugh和Love（生活、欢笑、爱）。换句话说，每天都生活得充实，不虚度光阴，不委屈自己；即使在恶劣的情况下也能找到值得一笑的地方，幽默很重要；对身边的人、自然和生活中值得爱的一切怀有爱、表达爱。

这些也是平这本书的标志和特点，在那些精彩的故事中处处有这样的印迹。我相信读者会非常喜欢这些故事，并在读这些文字时露出会心的微笑。

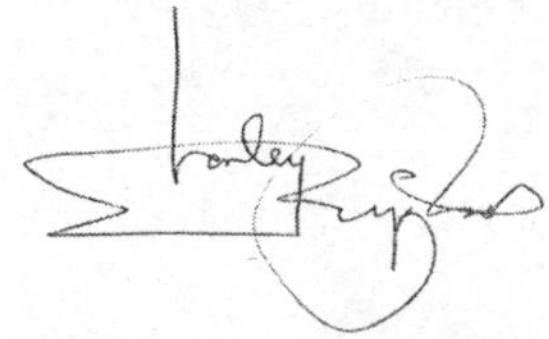

（斯坦尼·克里普纳博士，Dr. Stanley Krippner，国际著名心理学家，美国加州旧金山赛布鲁克大学心理学教授，编、著有《超凡之梦：激发你的创意与超感知觉》等30多本书，作者聂平的好朋友。）

# 前／言

## 追梦追到大洋彼岸

2008年的冬天，杰夫和我在北京挥泪分别，飞回美国。我孤单地走在阳光灿烂却寒风刺骨的街头，心中充满了对他的想念和对新生活的憧憬。那段时间，每天早早起床，匆匆走在去学校的路上，认真读书，努力听讲……很累，却非常充实和快乐。每天下午下课后，我总会去网吧看他给我留的信（那个时候，他已经在加州深夜进入甜美的梦乡），然后给他回信。有一天中午，我没有回宾馆休息，而是去网吧给了他一个惊喜，我们那天在视频里再次见到彼此。那些信里深情的语言，那些屏幕上见到的微笑和亲热，他给我展现的个人魅力和新世界风采，如寒冬里的一个个火球，温暖、绚丽，从童年就开始追逐的朦胧的梦，因他的出现，越来越清晰了。

我喜欢读别人的故事，喜欢淡淡的文字里表现出的那份浓浓的情感和深刻的意义，喜欢故事给我打开的那一扇扇窗户，让我看到外面丰富的世界和人们深深的内心。我从中得到滋养和力量，让我苍白单调的经历造成的几乎空落的心变得七彩斑斓，让我的生命之树更加枝繁叶茂，花儿艳丽，果实香甜。

我同时也喜欢记录，喜欢在冰冷的键盘上敲下带着我身体和手指温度的文字，它们是我内心热流的涌现，我渴望它能再次给我温暖，也希望能给那些暂时迷失在寒冷中走不出来的人们一丝暖意，温润并复活他们行将冻僵的生命；它们也是我内心渴望的表述，我希望把自己经历的、感受的传达给暂时没有走到这里，或没有经历过我的故事的人们，因为每个人的生活都有独特之处。

那些隐秘的羞涩的激情，那些迷惘的忧伤的时刻，那些幸福的欢乐的瞬间，那些行走着挣扎着的步履，那些令人骄傲或羞愧的言行，那些尴尬或痛苦的际遇……那些曾经发生过的一切，是我生命的体验。哭过笑过爱过恨过伤心过迷茫过渴望过憧憬过奋斗过，是我在这个世界上活过的证明。在我身体里，在灵魂深处，在天地的眼里和心中，留下了无法抹去的痕迹。

我这本书里的故事，是我在美国五年的学习、工作和生活经历及见闻，是我觉得和我们的文化有差异的、有趣和值得分享的东西。由于时间、精力和金钱的有限，我们不能经历这个星球上所有不同地区和人们的全部生活，但通过文字和照片，我们能突破一切限制，看到更多的人生，经历更丰富的世界。当然本书故事所表达的观点不能100%代表所有美国人和美国所有区域，但确有代表性和参考价值。

每个人，不管他看起来多么平淡、冷漠、羞怯或者多么微不足道，都也许有着属于他的最浓烈、最柔情、最幸福、最快乐或者最伤痛的心情和故事。那些感觉，只有经历过了，体会过了，才会懂得。我感激走来的路，我爱现在的生活，我希望自己的经历，能给你打开一扇小小的窗户，在你追梦的路上看到一些特别的风景，得到一些新鲜的力量，助你顺利梦想成真。

## 人生初次的爱，始于“梦想”

14岁那年的春节，很少下雪的贵阳下了一场大雪。天地之间被染得洁白一片。

我和妈妈走在雪路上。车很少，忘记了公交车是没开还是很久不来一趟，路上也几乎没有行人（不知是我记忆偏差还是确实如此），因此街道上那茸茸的洁白的雪被保护得比较完整。我和妈妈高一脚低一脚踩在吱吱响的积雪上，印下一串长长的脚印，很快乐！

我们去二表哥的岳父白伯伯家吃年夜饭。白伯伯家住得不远。爸爸弟弟舅舅舅妈表哥表姐姐夫嫂子他们是怎么去的，我忘了。记忆中只有我和妈妈走在那条长长的白得发亮的路上，两旁的树和房子也白得发亮。

进到家，是另外一种光线和温度。柔和，温暖。

也是另外一种气氛。很热闹，很快乐。

我和二表嫂的弟弟三三哥打扑克，输得鼻子都给他刮红了。

14岁的少女，清洁无忧地快乐着。

开饭了。那天的晚宴分成两桌，长辈们在一间屋里吃，年青的一代在另一间。14岁的我当然和哥哥姐姐姐夫嫂子以及他（她）们的弟弟妹妹们坐一起，和他们边吃边闹。

我是最小的，他们教我喝酒，说喝会了以后出去交往才厉害。

吃饱了，闹够了，大家开始表演节目。

表姐夫的弟弟小新，当时18岁，在省滑翔学校读书。他站起来，说："各位哥哥姐姐，这里面除了平平（就是我）之外，我是最小的，所以我说了什么不对的，请别笑我。今天，我想给大家唱首《飞行员之歌》，因为做飞行员，是我的理想！"

"砰"的一声，一丝微响在心底爆开，一扇窗户打开了，一束光射了进来。

抬头望着高展歌喉抒发内心激情的阳光少年小新哥哥，14岁少女的心感觉到了从未有过的悸动，那里有一块很陌生的地方被柔软地触动了。理想！多么崇高多么圣洁！小新哥哥这么勇敢地说出了自己的理想！

我的初恋，就在14岁这年的大雪中开始了。

我的初恋，就始于那两个美好的字眼：理想。

其实，那只是我一厢情愿的单恋罢了。

谁会把一个14岁的孩子放在眼里？

谁会知道一个14岁孩子的秘密心思？

但是，那个致命诱惑的词语，理想，其实就是梦想，在少女的稚嫩世界里，正像一个圆润而饱满的朝阳，刚刚在远方的地平线升起，美丽而诱人。不管是否有人看见，是否有人注意，它都在固执地指引着我年少蹒跚的脚步，默默而坚定地走着。可是，通往朝阳的路上，那些被命运抛落在黑暗中的狞笑着的脸，14岁的女孩还看不见。她的心里，满是对美好未来的渴望和憧憬。

上高中时，有一段时间下午放学的路上几乎都能看见这样一个场景：夕阳下，一辆大货或卡车呼啸而过，扬起的漫天灰尘在阳光里金黄朦胧，金尘后面的太阳变得神秘而极具诱惑，似那反复出现在梦中的意大利西西里岛天空如柠檬一般的月亮，在前方露出迷惑人心的微笑，遥远地召唤着我，引诱着我，向前向前……

路上走着，就这样失了神。梦想，像一个致命的诱惑，令我失心失身失魂，遥望着她娇美的微笑不停双脚地追赶，期望把那个远方的梦，搂进怀里，紧紧抱住……

## 渴望蓝天的鸟儿，被现实一次次折断羽翼

可是，现实和理想在很多时候确实水火不容，令人扼腕！在追梦成长的过程中，我柔软鲜嫩的心一次次碰到现实坚硬的墙上。

高考那年，因政策改变，我被迫上了不想去的本地大学，没能走到外面的世界；毕业那年政策再次改变，我被迫做了不想做的职业；安下心来做好本职吧，评职称时条件合格了，领导却让我把指标让给条件不达标的老同志。次年，我却因为上级主管部门的失误——忘记通知外语考试而再次失去职称评审资格；试着对普遍不喜欢英语也不愿意学英语的工科职业学院学生进行一点教学改革，淡化枯燥且无用的语法分析，引导他们多读多背课文以增强语感、学习趣味并提高考试能力，却很快被系领导找去谈话：“学生反映你教语法太少，他们不习惯。请不要擅改教学大纲，另外要加强语法培训。”在这样不管

客观情况和个体差异，按部就班地遵循着死板不合理教条规定的环境里，我无法做到尊重自己，我失去了很多：激情、梦想、憧憬、感动、发自内心的快乐……人也变得庸俗、麻木、视野狭窄、不知所措……我从一个充满激情和梦想的少女变成了非常无聊懒惰的女人。

我不是一个事业型的女人，只是觉得人活着就应该做点对自己对别人都有用的事，多读点书多走些路，多见些人和风景，多做些自己喜欢做的事，行尸走肉般在周一痛苦周五终于松口气的无奈中混过一日又一日，浪费自己和他人时间的感觉比死亡更令人恐怖。生命只有一次，每一天都是构成我生命的日子，而生命却在一天天无意义无激情无变化无盼头地消逝。我开始感到了巨大的压力和恐慌。我得做点什么，改变目前的状况。我捡起了大学时学习了两年的法语，继续提高，以期有一天能改行，做一点自己真正想做的事。

梦想，在遥远的地方心疼地看着现实把一记记冷酷的耳光扇在我年轻的心上，徒然叹息。

我遥望着她，依然乐观，坚信无论早晚，我终能到她身边。28岁时对母亲笑言："30岁就会时来运转了，我离梦想会近一大步的。"然而世事难料，命运多舛，"时来"带来的却是几乎毁灭性的"运转"：30岁那年的深秋，母亲突然意外离世！那段时间，世界在我眼前支离破碎，彻底变形，我无法清楚地描述那种感觉，只觉得自己似乎在一个巨大的玻璃罩子里面，和整个外界隔开。周围的人、车、建筑、声音、气味等离我似乎非常近却又极遥远，好像我能看见却闻不到，能听见却摸不着。

很长一段时间，我见不得牵着小姑娘的老太太；很长一段时间，我听不得小女孩喊：姥姥！很长一段时间，与我同龄或比我大的女人说：我妈妈怎样怎样，会让我的心痛到痉挛，泪流满面。

每当黄昏来临，屋子里悄悄暗下来，女儿尚在幼儿园，丈夫还在上班。我缩在沙发一角，听着窗外嘈杂的人声车声，想着这个充满生机的世界再也没了妈妈亲切的笑脸，温暖的身体，我的心碎成了细细的粉末，飘飞弥漫在屋子的每一个角落，我无法把它们聚拢，无法把它们完整收回。世界在我眼前崩溃，我向着深渊跌落，跌落！有一天在三联书店，我看到张洁的《世界上最疼爱我的那个人去了》，心口的血哗地一下喷涌出来，在书店里捧着那本书毫无顾忌地任热泪奔流满脸！妈妈啊，我甚至无法想象出您满头白发时是什么样，我多么想看到您银丝飘飘的样子！妈妈啊，在每个寂静的夜里您是否听见了轻轻的声音在敲门？那是我思念的泪水滴落黄泉在您的门上叩响。您如果开门看看没有人，只有透明的泪水阵阵滴下，那是我在想您。漫漫的夜里如果您也想我，请到我的梦里来，我与您今生的缘分从此以后只在梦里。

有段时间，我曾一度陷入网络游戏虚幻的“自由世界”，失去母亲的伤痛，对现实的茫然无助，在游戏中暂时被麻醉，我的精力和能量被转移到非现实世界里。

有一夜在梦中，妈妈带着我在街上走着，路过一家服装店，她说要买件外套，然后选了件高腰立领的，颜色灰黑相间。

我很惊讶，因为那是很年轻的式样，妈妈一向比较传统的。

可她说："就要这件了，该好好打扮、享受一下啦！"

看着她亲爱的但变得有些模糊的面孔，我双泪长流，紧紧抱住她的腰放声痛哭。伤痛像潮水涌来，把心堵得很满很满。我喘不过气地憋醒了。在满脸泪水、胸口阵阵发痛的暗夜里，我恍然明白，妈妈希望我能有个大的突破和改变，让自己的人生更美更有尊严。

2005年2月15日晚上，我在日记里写了一首小诗《我已上路，请为我祝福》，表达自己的决心和决定：

我踏上了一条崎岖的路，
路多险阻。
但终点
却有绝美风景展露。
漫漫旅途，
我会疲累，我会寂寞，我会很苦。
所以，请——
请为我祝福。

那日上午，和同办公室的好朋友M从在职硕士考试办出来，看着手上报考科目的单子，她喜，我叹。没料到现实又给我设了一道关卡。她报的本地大学考试科目少一些，而且分数也低不少，而我报的北师大却完全相反。

她笑着看我，好心地劝："改了吧。会轻松很多稳很多，否则，失败概率将很大！"我心乱如麻。

那个自少女时代就在心底闪耀的梦，真的让它就此熄灭吗？

我看到14岁的自己站在眼前，她赤诚的愿望依然炽烈。我坚决地摇摇头："不改！"

不改，为了追逐梦想，我不改。那时在新浪开了第一个博客，昵称是"鹤舞云间"，大标题为"鹤舞云间，逐梦无悔"。

有一款国产游戏《完美国际》，它的主题歌是我那段时间的最爱，因为那是我追逐梦想的写照。认识杰夫后把这首歌发给他，从小在音乐里泡大的乐队组建人杰夫很快也熟悉了这个旋律：

不知日落月升多少个夏秋，

不知我已这样奔跑了多久，

我从出生就注定一生的寻求，

远方那完美世界的爱和自由。

Fly with me（和我一起翱翔），

In the perfect world（在完美的世界里）。

Go with me（和我一起飞吧），

Just like a bird（像鸟儿一样自由）。

没什么能阻拦我们在一起。

后来，我在全国统考的综合科目中考出了非常好的成绩，比北师大录取分数高出20多分，而专业"英美文学"却差了几分达不到要求，我最终没有被录取。当时也不是太失望，因为是通过学校报的名。我是英语教师，只能报本专业课程，而我真心想学的，是心理学，但如果我报考这个科目，学校不同意报销学费和给我去北京学习的时间。

## “我知道，我有一双隐形的翅膀”

2006年夏天，我对那种无聊无趣无奈完全看不到希望和生机的生活状态忍耐到了极点，决定无论如何试一次，利用假期去了北京，想着如果能在北京找到工作就辞了旧职留下来。

丈夫是我的大学同班同学，毕业后分配回了家乡县城的一所中学做老师，因为家教单纯，我不顾大家的反对和现实情况拼了命维护我“纯真的爱”，非要和他在一起。父母以为我找到了真爱，为了我的幸福，他们妥协了，把他从县城调到我所在的省城，安排进一所重点实验中学。他是个安于家居生活的男人，这一大步的跨越对他来说已经很满足了，再不愿有任何变化。我们一起生活的十几年里，他其实不是不知道我的苦恼和绝望，但像很多人一样，觉得生活能将就就将就了，为什么还要折腾和变化，因此无法理解我为追求梦想和实现人性的决心。他对我的北京之行很生气。我清楚地记得，有一次和他坐在厨房的铁炉子边吃饭时，我再一次说到自己内心的郁闷和挣扎，他严肃地对我说的那句话：“最好少想点，反正我是帮不了你的。”我不敢相信地看着自己的男人，为什么他对我的痛苦置若罔闻？我们是夫妻，不就是为了在人生路上相扶相助，尽量让彼此幸福吗？这句话，让我悲哀地看清了自己的处境，也下了去北京试试的决心。

赴京前一天，去学校看女儿的毕业典礼。给台上跳舞的女儿录完像后，回头看见坐在太阳下的丈夫，鼻子一酸，眼泪突然像裂了缝的管子里的水一般喷涌出来，真的就要离开这个男人去远方了吗？我装着困乏的样子把脸埋进双膝上的臂弯里，一只手捏着纸巾在下面拼命地偷偷擦抹泪水。可眼泪抹掉又冒出，抹掉又冒出，无法断流。那一刻，在深深的潜意识里，也许已经预见到我们的结局。

飞机起飞时，扭头看了一眼窗外，正好看见机场大楼上越来越远的“贵阳”两个字，眼眶突然热了，喉头再次发紧，再见，我亲爱的家乡。

到北京后，在石景山某地租了房子暂时安顿下来。第二日下午，房东就来签了合同。一切弄完之后，人都走了，屋子里安静下来，我四顾空荡荡的陌生屋子，心中一阵惶然。一股无法言说的感觉在心里漫开，我突然强烈地想家了！

抓过电话，眼泪开始外涌，手开始颤抖，按下那串熟悉的号码，我拼命克制自己。

最终，还是没有忍住，只说了一会儿就哽咽着再说不下去了。

挂了电话，用毛巾被捂住嘴，痛痛快快地放肆地发泄了一阵，然后去卫生间洗了，无力地把自己放倒在床上，只有到梦里去寻找那些快乐的、温暖的、轻松的感觉吧。

第二天起来照照镜子，眼睛肿得像大金鱼了，只好戴上墨镜出门，去买报纸看招聘广告，不管怎样，生活要继续，我得尽快把自己弄妥帖了。

早在6月份还在贵阳时就在网上试着投递了一些简历，居然收到一些邮件或电话通知面试。到北京后，买报纸看，打电话问，去面试了一些单位，不是我不满意他们，就是他们不想要我。

每天黄昏时分，独自坐在特别安静没有任何声响的空荡荡的房间，听着几十米外小集市嘈杂的喧闹和卖报人洪亮的吆喝声，一种无法言说的感觉在心里弥漫开来，那是一种深入骨髓的孤独！我哭着给丈夫打电话，诉说着孤单的处境和对他对女儿的思念，可他却在电话那头冷淡地说："自己选的路，有什么办法，硬着头皮走呗。"身体上多累其实我都能承受，而得不到自己最信赖最依恋的人的支持和理解，那种极度的空虚和无着落令我感到刻骨的痛苦。穿行在北京的陌生街道上，一张张模糊的脸从身边匆匆滑过，偌大的城市，没有一个真正属于我的角落，我如一根孤单的浮萍，心底深藏不安，无助地漂浮在命运的浊浪里。

有时候出去买些生活用品和食品，穿过小区广场，人很多，天天都很多，有两三百吧。

老人、孩子、男人、女人、夫妇、情侣。

光脚穿着丈夫以前给买的乔丹运动鞋，寂寞地从他们中间走过。羡慕的眼光被他们快乐的身影和欢笑拉得很长很长。

有时候出去倒垃圾，听见老太太们高声的谈话，小孩子的尖叫，汽车的轰鸣，我呆呆地站在路上，强烈地感到孤单！无比的孤单！一点也不想返身进那孤寂的幽灵洞穴一般的屋子。

这种时候，刘若英的《孤单》一遍一遍在脑海里回旋：

我想我会一直孤单，这一辈子都这么孤单

我想我会一直孤单，这样孤单一辈子

天空越蔚蓝，越怕抬头看，电影越圆满，就越觉得伤感

有越多的时间，就越觉得不安，因为我总是孤单

过着孤单的日子……

有些事有些感觉，不经历，永远不会懂得。

我原本是一个胆子很小的女人，那时却做着许多大胆的事：一个人过日子，一个人拿着地图到处跑，一个人睡觉，一个人在黑暗中睁大眼睛想事。在找房回来的黑夜里迷过路，如果不是熟悉的323路公交车恰好那一刻从右边冲出，让我突然知道了方向，很可能就被一伙光膀子男人带到左边野地里去抢劫了，他们说我的目的地在左边，让我跟他们走……

一天晚上，在小区门口看见有人卖小猫咪，极度孤单的我把一只小猫咪抱回家了。可养了几天才发现，天天奔波出去找工作的我根本无法照顾好它。万般不舍中把它送给了小区的年轻门卫。

回到家里，满屋看看，再没有那蹿来跳去弄得木地板咚咚响的小小身影了；脚边，也再没有缩成一团的暖暖小毛球了。心里空空的，泪水迅速涌了上来。我放声痛哭。晃荡的我，甚至不能保证一只小猫咪的稳定生活。

本来不想惊动任何人，但万般无奈之后我拨通了在京小叔的电话。知道我的情况后，小叔执意要我退了租房去他那里住。后在他的帮助下，总算找到一份不错的工作，为了不受倒车的折磨，每个周末都出去找房。找房的过程极其辛苦，不是价钱过高就是合租的人太多太杂，又或是房间小到只能放下一张床连书桌都无法挤进去。我在那些陌生的路上奔波着打听着方向，心里空荡荡的。

记得有一天下班后，倒了两趟车到达西三旗，我面朝西方站在车站，刺眼灼热的夕阳火辣辣烧在我的眼睛和脸上，那里只有唯一的一路小巴回我的住处，进站的大巴小巴却有无数，而只要稍不注意，要乘的那车已经在路中间停下装满人跑了！有时，它又躲在一串大巴后面停下，有时却跑到离站牌老远的前面停下上人！在近100米的长长候车人海线上，我不停地奔来跑去，一直无法登上回去的车。夕阳渐渐消失了它的余光，我累得脸发烫，身上却发冷，嘴唇都麻了，脚酸痛得再也支撑不住了。我打开包，从里面拿出买来看的报纸铺在地上，一屁股坐下去，用外套捂住脸放声痛哭。那一刻根本顾不得形象和尊严……

那些日子，乐中有苦，苦中有乐，感慨万千。最大的感受就是，北京不相信眼泪，我们只能相信自己!

慢慢地，似乎一切开始好起来。在8月末某个清晨的公交车上，心情如窗外的阳光一样灿烂：孤独、等待、不安、初上班的陌生和劳累，已经渐渐消失。和同事熟悉了，工作慢慢上路了，而且还有提升的可能，乘车线路也在几次勘察后定出了最佳，不会像起初那么辛苦了。一切都朝着更好的方向发展，也许我算是站稳了。

但夜夜梦里女儿的身影女儿的眼睛搅得我的心痛了乱了。在梦里，我可爱的女儿变得很油滑很江湖，我的心疼得抽搐。打电话给她，她告诉我，她经常在同学面前也忍不住流泪，因为想我！即使我再有多大的成功，如果无法帮助和见证女儿顺利地成长，我的人生还有多大的意义？虽然北京有着我的梦想，但我可以在女儿长大成人之后再来追寻。

停顿确实使我痛苦，但还是要暂时停下我的脚步，因为女儿也有梦想，稚嫩的梦想需要我的帮助和指引，母亲的责任无法推卸。因此，我决定回家。

回想那个痛哭的夜晚，我在想“只有享不了的福，没有吃不了的苦”这话是对的，只是，到底你吃的这个苦值得吗？如果自己认为值得，那就狠狠心咬咬牙去承受；如果不值得，就回头吧。

回去前参加了在清华紫光二楼举办的一个北京高校硕士招生会，了解到北师大有发展心理学在职硕士课程。我一直非常想学心理学，马上就报了名，开始了每个寒暑假到北师大上课的历程。

随后，我的生活充满了变化和不安定：前夫婚外情，我提出离婚；去北京短暂工作并继续读书；爱上，然后失恋；体验孤独甚至绝望……有那么一段时间，我几乎对生命也失去了兴趣……

2007年夏天，7月，我在硕士课程外参加了北京萨提亚咨询中心的精神分析工作坊。可恶的弗洛伊德害了我。8月初到9月初，经历了难以言说的内心痛苦和挣扎。伟大的弗洛伊德救了我。至此，我对犹太人充满了敬意，影响世界的3个犹太人在不同阶段给了我不同的影响，弗洛伊德为此中之最。

缓过气来的我继续为实现自己的梦想一步步踏实地做着。

## 鹤终翔舞云间

2008年，在我浪漫多梦的青春时期曾经憧憬的那个忠诚多情的王子，也乘一叶红帆自大洋彼岸漂来。他温暖的文字和热烈的爱一天天化掉了我心里的坚冰，我冻僵干瘪的生命悄悄变得暖和柔软，开出新的爱和希望之花。这个为我哭泣为我欢笑，一次又一次告诉我说，你的快乐就是我的幸福的男人杰夫，最终成为我的丈夫，把我带到了北美大陆。在这块新的土地上，我失去的梦想重新回来，我又开始重新编织心中那一度褪色的理想。

来美国三年后，我在州立大学研读荣格心理学期间，3月底的一天下午，看书累了，站起来打开音响，调高音量放了几首喜欢的欧美经典老歌。当巴比伦河的旋律汹涌而出时，女儿过来跟我说，每次听到这歌都会勾起她一个久远的关于我们曾经的家的温暖而伤感的记忆。她说大概在她七八岁时，有一天我和前夫，她的生父，一边听着这首曲子一边欢快地扭腰甩臀跳舞。那时，前夫因公要离家几天，她小小的心里舍不得爸妈任何一人哪怕短暂的离开，所以暗暗伤心；但见我们跳得欢乐，又忍不住开心。巴比伦的旋律，和着父母欢快起舞的身影，以及喜忧交加的心情，构成了她心底一个关于家的典型记忆。

我听了心中突然涌出一丝淡淡的伤感。曾经多么想给我唯一的女儿一个完整幸福的家，曾经多么想保护我唯一的女儿不受一切伤害；曾经和前夫一起，欣赏享受了很多我们都喜欢的音乐和欧美经典老歌。直到今天，每次听到《卡萨布兰卡》《加州旅馆》《巴比伦河》《乡村路带我回家》《Hello》《爱的力量》等，我都会有一瞬间思绪穿越时空，飞回万里之外，停在时光之河的那一段，看见那时的我和他，在阳光下年轻快乐的笑脸。

而这一切，已被命运之手轻轻扭转。经历过伤痛之后，我深深感谢。

我对杰夫说过我每次听到那些曲子时的感觉，他宽厚地笑着说："是的，美好的时刻一定要记住，但不快的经历要对它们说'goodbye'。我感谢他（指我前夫）和生活曾经给过你的快乐；也感谢他们对你的背弃，否则，我没有机会娶到你。"

没有这一切的变故和伤痛，不会有我今天的快乐甜蜜，以及梦想成真的满足。在美国读心理学是梦想之一；住在海洋的边上是梦想之二；有自己的大房子和前后院子，在自己菜园、果园、花园里种植水果蔬菜鲜花，跟大自然的一切和谐交融是梦想之三；拥有一辆红色的越野车是梦想之四；能按照自己的意愿过自由简单的生活是梦想之五……而这一切梦想之上，是有一个贴心爱人。虽从不敢断言，我们定会相伴白头走到底——第一次婚姻失败后我就不再幼稚幻想永恒，但现在我们的爱是彼此想要的，白头到老是我们正在努力的。如果有一天他有了别的女人我有了别的男人，那也是命运的另一次合理安排。

所以不要害怕变化，生活里的变化，都是上帝安排的，总有他的理由。

所以回忆过去，我一直充满感激。和前夫一起走过的日子，我只愿意记得那些温暖快乐的时光，记得他给过我的爱和支持，曾经的伤害和不快都被留在万里之外，消失在时间的长河里，无迹可寻。有一天骑车回来放松肌肉时发现，这套放松动作是前夫教我的，不知有否科学道理，但多年一直习惯按那种方法做。生命中经历过的一切必被打上烙印。

今天，我可以坦然地谈起前夫，谈起我们曾经有过的温暖。我们现在是朋友。我对他，对他现在的妻子，没有半点怨恨。生活的轨迹已然分开，每个人走在自己选择的道路上，我们各自过着平静满足的生活，这是最佳结局。

2009年3月来到美国后，我与理解我支持我自由选择的先生和漂亮聪明的女儿在北加州旧金山湾区过着我们平淡快乐的生活。几个月后，因为想体验在国内时不可能有机会、也放不下身段去尝试的不同工作，接触真实的美国社会，我在美国人开的小女孩用品连锁店和中国人开的熊猫快餐店各工作了一段时间；然后去全美最好的三所社区大学之一的圣罗莎Junior College读了一年，成绩优异；再把自己的本科成绩和学位证书以及在北师大读心理学硕士课程的成绩分别送到美国三大权威学历评估机构中的两个，WES和ECE进行了评估认证，接着申请另一所四年制大学荣格深度心理学硕士，因为在社大的刻苦认真和优异成绩，三位教授毫不犹豫地为我写了非常棒的推荐信。在经过自己申请、提供校方所需一切材料，并被各方面考察、面试之后，学校录取了我，我是这个硕士项目里唯一的东方人/外国人。

经过两年艰苦的、常人无法想象的努力，我于2013年初夏以GPA3.909（满分4.0），几乎全A的优异成绩毕业，顺利获得加州索诺马州立大学荣格深度心理学硕士学位。同学和教授都对我大加赞赏，我很开心！不说我为中国人争了光，至少我为自己是聪明勤奋的中国人自豪。这门以西方文化为背景基础的心理学难度可想而知，我的美国同学们都感叹其艰深晦涩，但我们都非常非常喜欢，它让我们看到了人性和大自然无可言喻的迷人之处，让我找到了人生的方向。

我因此有了各种机会从很多方面接触了解美国生活的不同层面。和同学、教授们的交流接触，以及与学长罗恩·波伊尔（Ron Boyer）的结识，我有幸参加了无数艺术家、作家、心理学家和哲学家的家庭（私人）或公开聚会和讲座；接触到各界很多著名人物，眼界大开；也真实了解美国主流社会的生活和思潮。

我为自己庆幸，也为自己骄傲：我没有放弃，我一直努力，我最终得到的，比我原来想象和向往的，还要多。

谁也不知道命运会怎么摆弄我们，谁也不知道它在这一刻的狞笑会不会在下一刻变为温暖的拥抱。我们来到世上，就只有不停行走，向着自己想去的地方。路途中的有些时刻，虽疲惫而无奈，却也充满感动和温暖。唯有如此，我们才有力气接着走过下一段路程。

风雨中我们寒冷哆嗦，也许旁边暖和的肩膀和头顶那把普通的小伞给了我们继续走下去的热力；受伤后我们缩回窝里，像野兽一样舔着伤口等待痊愈以后的再度出行，感谢上苍，至少我们还有一个窝，或许有形或许无形。生命中有很多时刻，疲惫但令人感动；追求梦想的路，从来就不会平坦。

很多时候，有泪悄悄涌出。我感激这样的时刻，它让我敏感而丰富。那些在路上奔波的时刻，那些在陌生城市里穿行的时刻，那些为了心中的梦想咬牙坚持的时刻，那些深藏在记忆中已化成肉融为血的时刻，成就了我的人生。

在这样的时刻，满足和感动，安慰着我深深的疲惫。

生命真的是一个行走的过程。在这个过程中，感动，温暖着我们身心的疲惫，支撑着我们一步步走远，到达一个个目的地，获得一次次满足和幸福；在这个过程中，只要你不放弃心底那个最初的梦想，命里有的终会是你的。

希望我们都能一直这样快乐温暖地走到终点。

# 上篇

# 在地球的另一端新生

不狠下心来抛弃懦弱、懒惰的自我，就无法获得新生，从而无法享受崭新的、充满活力和生命激情的生活，也就无法看到新世界的美景。

## 美国，最初的温暖和感动

2009年春天，杰夫来中国陪我面签后带着我从广州飞往北京，再转机美国西北航空波音747，经过十多小时的飞行，于3月最后一天的上午降落在加州。

在太平洋上空茫茫黑夜里，我们的航班精神十足地向着加州，向着旧金山机场，向着我们温暖的家飞去。

我一直没怎么睡觉。很有兴趣地看了一部长长的电影，然后吃东西，和杰夫聊天，翻看临行前好朋友送给我的书……折腾到深夜。很多人都睡了，杰夫也盖着小毯子进入梦乡，我仍然无法入眠。先俯趴在他腿上，后斜靠在他肩上，再仰回自己的靠背，只闭眼迷糊了一小会儿又清醒了。干脆重新打开前排座椅后背上的小屏幕，戴上耳机，选了个好莱坞的喜剧接着看。

在到达前最后两小时左右，伸手关了电影，起来去卫生间。门外已有两三个美国人排着队等候，我和他们交换了一下微笑，也站进队列。

突然间，我的心跳加快，一种不可思议的感觉涌上心头：

我，是在，飞往，美国?

生活太富于戏剧性，作为英语专业的毕业生，美国曾经是我梦想中的地方。但也只限于去美国旅游，看看这个我学习了其多年语言和文化的国家这个念头，从未想过有一天会定居在陌生的美国，在地球的另一面度过下半生；也从未想过，除了中国，我也许还会有另一个也可以叫作祖国的国家。

由于睡眠不足的疲劳和突然的情绪冲击，我感到头晕晕的，有点难受。这时正好轮到我，决定什么都不想了，上厕所去。

是的，做梦也没想到我会以这样的方式来到美国（曾经以为会和女儿的生父白头到老）；做梦也没想到我会在这里实现曾经的梦想：在美国读心理学；也做梦都没想到这一段求学的路程是何等的艰难；更做梦也没想到的是我做到了，我毕业了，而且，成绩优异。

没有人知道，在州立大学读硕的这两年我是怎么过来的。每天读书写作几个小时，每晚睡觉几个小时。作为女人，我可能摧残了自己的美丽，但作为人，我获得了迷人的知识和漂亮的成长。

现在我知道，上天是公平的。你付出多少，就会收获多少；你只要肯耕耘，它一定让你有收获。我今天能来到加州和我的爱人生活在一起，也是之前多年一直没有放弃生活的缘故，尽管生活曾经背叛了我很多次。

13小时后，美国西部时间上午9点，飞机降落在旧金山国际机场。此时我已经20多个小时没有睡觉。但走出机舱，明媚灿烂的加州阳光，顿时令我满血复活。在海关过新移民通道时，为我办完手续的海关官员抬起头来微笑着对我说："Welcome to America（欢迎来到美国）。"虽然知道是例行公事的客套话，但仍让我的心甜得化不开，暖得伸不直。

出了机场大楼，杰夫迫不及待地让我给公婆电话，报告他们的中国儿媳已双脚踏上美利坚土地。本来二老决定从爱荷华飞来等在加州，然后去机场接我的，因为这是我和我们俩生命中一个重要里程，他们想亲身参与，并表达对我的爱和欢迎。后来杰夫考虑了一下，说也许应该给我几天安静的时间倒时差，反正6月份我们就会回爱荷华举办美国婚礼，很快会见面。当我和激动得几乎哭出来的婆婆在电话里结束谈话时，杰夫边接过手机继续和她说边用眼神和手势示意我，请等候在几十米开外路边的机场大巴司机稍等我们一下（因为不确定他是否会马上开车走），我马上跑过去对司机表达要求，好心的他很爽快地答应了，并走到杰夫身边和我一起把大件行李箱推过去，搬进大巴中部的货厢里。

那天搭这趟车的人只有三四个，所以我们有了一些机会聊天。知道我是美国新移民，他笑着对我重复了办完最后一步海关手续时那位工作人员说过的话："Welcome to America。"

一路上，他比杰夫还热情地给我介绍沿途风景和地名；并在多处专门放慢速度，方便感觉新鲜的我拍照片。当我为美丽蔚蓝的旧金山湾里那些飞一般的游艇划出的雪白长尾小小惊呼时，他回过头来，暖暖地笑着对我说，"This is your home（这就是你的家啊）。"

到达目的地时，他先跳下去走到乘客车门边灿烂地笑着伸开双臂对我说：“来，让我抱你下来。”我那时还不习惯美国的拥抱礼节，只把手伸给他握住跳下来。然后他去帮我们把行李从车中部行李货厢里拿下来。杰夫和他握手道谢并给他小费（顺便说一下，我的男人绝对是个好顾客，在任何地方给小费从来都非常慷慨，总是比约定俗成的高）。

临上车前，他回头温暖地笑着对我说：“Enjoy home（好好享受家的温暖和快乐吧）。”

“Enjoy home。”这句话给了我最初的感动。

我的家在这个阳光、干净的地方；我的邻居热情友好（这位大巴司机住得离我们不远）；我的爱人就在身边。我喜欢这里蓝蓝的天，清洁如洗，空气新鲜得好像肺都透明了，我家门前的植物没有一丝灰尘，叶片在阳光下熠熠闪光。木结构的房子没有防盗门窗，晚上睡觉我从不关窗户，清早醒来阳光满屋，鸟鸣清脆。

这里人们很友好，陌生人对面走过也点头微笑，说声你好。这里治安很不错，夜里天黑尽了我也敢独自穿过小区去到小河边跑步，杰夫带我去邻居家，大开着门就走了，我心里直惶惶，他安然无忧。这些，都是我enjoy home的理由。

周末我们会开车出去和朋友吃饭、买各种衣物用品（主要是给我买，我基本是两手空空回到这个大洋彼岸的家，所以一切衣物及日用品都得买）；因为我喜欢和他一起去打高尔夫，球杆、球套、手套、鞋子、袜子、帽子等也必不可少，他给我买女用的全套。坐在他旁边，东张西望，问七问八一阵后，推推墨镜拉下帽檐放平座位靠背，在后座找一件他的衣服堆成枕头，舒服地睡下去。心里非常安宁和温暖，在心爱的人身边，在心爱的车里面。非常非常喜欢这样的时刻。

There is no place like home（世上没有任何一个地方能比得上家）。如今五年过去了，这句话，那个记忆，一直不曾褪色。

美国，现在是我的家。

机场大巴的终点在一家旅馆前的停车场。和司机挥手告别后，我转身四下环顾，看着眼前这真实的“加州旅馆”，老鹰乐队最经典的金曲，充满诱惑和神秘感的《加州旅馆》旋律即刻在脑海中荡漾开来：“Welcome to the hotel California，such a lovely place，such a lovely face（欢迎来到加州旅馆，如此美丽的地方，如此可爱的面容）！”

一瞬间感慨万千，虽然泪水没有夺眶而出眼角却湿了。曾经在遥远的祖国，在那些阳光洒进屋子的下午，无数次听着这首歌，眼前幻化出地球那一端的加州旅馆，心里多么渴望有一天能旅行到加州，住进加州的旅馆。今天真切地看到了第一个。以后，这里就是我的家，我将走遍全加州，住进各种“加州旅馆”。

那天之后，我彻底相信，如果你有梦想，只要你虔诚地保有它，努力地为它奋斗，不管绕多大的圈子，走多远的弯路，最终一定会如愿以偿地拥梦想入怀。

我们找到杰夫停在旅馆停车场的车，从那里开了三四分钟就到家了。我惊奇地发现，他的车几乎没有什么灰尘，在阳光下熠熠闪亮。

杰夫在中国待了整整两周呢。当时小小地惊叹了一下：加州，真的太干净了！

4月1日，到家的第二天，他带我去看太平洋。我们去的是Bodega Bay北边的海滩，从家开车直接去的话大概30分钟，不过那天他没有直接去，而是绕着带我看了很多地方。

中途在索诺马郡Montero镇的一个叫North Woods高尔夫球场边的小饭馆停留休息，吃了椰肉大虾，喝了咖啡。

我那时正在倒时差，困得睁不开眼，所以他先下车去，留我独自在开着天窗的车上睡了十几分钟，后来脸被太阳几乎烤熟才挣扎着起来。当时还嘀咕：这个粗心的男人，怎么也不帮我把脸遮一下。后来才知道，美国人根本不在乎阳光照射，他们很享受阳光。

在那里遇到一位父亲是澳门人的混血女士，当听说我来自中国，她很开心，同意我给她和梳着大长辫子的朋友（男）照了几张相。

小饭馆旁边，有一片美国西部特有的高大红杉树林，笔直冲入云霄的巨大树干令我惊叹。

饭后，他载我去到美丽浩瀚的太平洋岸边。第一次把双足踏进太平洋凛冽的海水，我欣喜若狂，内心充满敬意和震撼。

4月2日，我的生日，杰夫带我去了旧金山，我们看了很多地方，主要停留在渔人码头，看海狮、逗海鸥。我第一次品尝了旧金山著名的clam chowder with bread——盛在巨大的“面包碗”里的蛤肉汤，以奶油为汤底，蛤为主要材料。

“大面包碗”真的很美味，尤其对于我这只喜欢海鲜的猫来说！

有一天晚上，在杰夫给我买的新相机到手前，我再一次整理了当时用老相机拍摄的照片，看着到达美国最初的感动和印象在里面被定格，被记载，被重温，心里涌动着难言的温暖和柔情，庆幸自己有用文字和图片记录的习惯，不管时光如何流转，不管岁月如何奔逝，那些美丽的片段永远不会褪色，永远温暖着自己和爱人的心灵和前行的双脚。

照片会褪色，时光会淡去。那些走过的地方，经历过的事，遇见过的人；你为我做的一切，你对我说的话语，你带我走过的地方，全都留在了心底，沉淀在记忆的最深处。

但是，那些记忆却永远是生动的、温暖的、鲜活的。那些生动起来的时光，如一个长久的彩色的梦，在暗夜中轻轻地漂浮着，自由地流淌着，温暖无声地包裹着我们，让我们曾经经历冰冷风雨的身体和心灵慢慢地柔软甜蜜起来。在想你的时候，在情绪低迷的时候，我会把它们拿出来，放在手心里，细细地端详、慢慢地品味。

什么样的窗口，什么样的路途都有风景。只要用心去看，就会发现自己想要的美好。

旅途中发生的事，遇到的人，看见的景，为生命涂抹上温暖美丽的色彩，丰富了我们的人生。我记录下初到美国的温暖和感动，力图把这种美好的感觉传递给朋友们。

希望我们每个人，都能尽自己的努力多走一点路，多见一些人，多看一些景，这一生才富足而无悔。

# 深爱加利福尼亚

当车在旧金山市区彩灯迷离的街道上缓缓前行时，坐在后排的俄罗斯小伙子R倾身靠近前面的我和罗恩说："嗨，伙计们，听我说，我真的好喜欢你们，好喜欢这里！我对这里的感觉似乎比对莫斯科还亲。真想留在加州！你们就像一个温暖的大家庭，强力吸引着我。"

这是晚上从一个私人学术沙龙出来，我们送他回每次来美国都寄宿的世界著名心理学家斯坦尼家的途中，他向我们倾吐的。

R的语调里有淡淡的忧伤，我回头，他的眼神里似乎有些许的疼痛。他刚刚结束了和一位有夫之妇的爱情，那女人告诉一心想和她组建家庭的R说，"我们不合适，我没有爱你到要嫁给你的地步。"

其实倒不是因为这个他才想留在加州，因为几个月前，当我去斯坦尼家接他去伯克利参加一个聚会时，他正和那少妇热恋着，而那时，他已经清楚地表达想来美国加州继续学习心理学的强烈渴望。

R是对的，加州，是一个非常温暖友好而神奇的地方。我和杰夫自驾穿行11州时已经隐约注意到这点：总体来说，整个美国是友好轻松的，但在加州则更令人放松和快乐。餐馆里、集会上、商场中，各种场合你都能感受到善意幽默的调侃带来的欢乐气氛，看到人们脸上甜美的微笑。这里的人们穿着休闲，打扮随意，礼节不繁，热爱户外运动；还不时会诙谐或者自豪地说到"California Style（加州风格）"，这是一种更喜欢户外活动，更倾向于放松和享受的生活方式和态度。这里因人口不像东海岸的纽约那么密集，工作压力也没有那么大，所以人们的心态更为平和、幽默、友好、热情、随意而无拘；这里永远充满活力和诱惑、艺术和创意、多元和丰富，你能见到世界上最奇妙的人和事，你可以享受疯狂的自由的生活。即使你又老又丑也能有君临天下的霸气和世界在握的自信。

我每天跑步的路上或小河边，总会遇到一些跑步和遛狗的人。我们大声打着招呼，有时甚至停下来聊上几句。

虽互为陌生人，但是我们微笑着互致问候和交谈之后，都带着更愉快的笑容和心情继续着自己的事。

在性心理和婚姻家庭课上学到的一个最大吸引力法则就是微笑，一个愉快的自然的微笑真的很打动人很温暖人，我在这里无数次被这样的笑容感动过，有时迎面走来又肥又高一脸横肉的黑人，本来下意识地想躲开一点，结果他/她脸上突然绽开的微笑竟是如此甜美友善，简直犹如天使一般。那一瞬，即使有些郁闷的心情也会愉悦到爆。

曾听人说过：在国内酒店等地如果遇到老外迎面走来，没有表情也不说话的，一般是欧洲人；一看见你，脸马上笑成一朵菊花且大声和你打招呼的，肯定是美国人。

我的一个朋友也这样说过："有时在国内超市或路上，我的美国男友看见老外可兴奋了，每次都笑呵呵傻乎乎贴上去主动打招呼。可就遇到好几次对方理都不理，装作没听见，或者很勉强地回应。搞得他极其郁闷。我也纳闷，他们不理我们也罢了，可是他看上去是他们的同类啊。所以我也估计那些是欧洲人。别看都是欧罗巴人种，不同国家真是不同。"

是的，美国人天性乐观，爱微笑，加州人尤甚。即使被某些事惹恼了，也很可能以幽默的方式表达愤怒。

例如美国人爱说nice，表示很棒、不错。例如nice job（干得棒）、nice person（好人）、nice day（天气很不错）等。有一天杰夫也被人"表扬"nice了。那可不是真心的赞扬，而是对他的一种讽刺。他开始绷着脸不吭声，我在一旁看得哈哈狂笑。

那是个周六，我们出去吃饭之前先去给他的车加油。出来左拐进主干道时，一辆速度并不快的直行车在杰夫进入主干道后，与我们反方向驶过的一瞬，对他甩了一句："nice move（大意是转得好）。"话虽然好听，语气却不是惯常的友好和欢快。

我愣了一下，扭头看看杰夫。他仿佛什么也没听到一般淡定地直视前方。狗哥的修养确实一贯就这么好。我忍不住前仰后合大爆发！他马上松开脸也笑了，说："那家伙，是吃了火药嘛。我转过来时他还离得很远，根本没有减缓他的速度嘛。"

在美国，直行车有优先权，即是说，在路边等着转入正道的车辆，必须等左/右没有近距离的车才可以转出。那天杰夫转出来时我确实看见那人的车还在很远的地方，速度也不快。

不过，我对杰夫说："我还是觉得他很可爱。至少他是以一种讽刺你的口吻来发泄，是幽默的一种体现，而不是愤怒的发泄，或者干脆给你'飞个鸟儿'（英语：fly somebody a bird，就是竖中指）。"

杰夫笑着点头："确实。"

刚来美国时，有天下午出去接女儿，正甩开猫腿大踏步向前，右前方有个50多岁也在走着的中年男人，突然扭过头来对我说“哈罗”，我冲他笑笑：“哈罗。”

他开始搭讪：“你是哪国人啊？”

我答：“中国人。”

他笑：“噢，那是个很大的国家。”

我点头：“是哦，很大的国家。”

他接着很搞笑地说了一句：“And I am an American（我是美国人）。”

我乐了：“我当然知道你是美国人，”然后加快速度超过他边说，“我去接我女儿，很开心和你交谈，散步愉快哦。”准备结束对话继续赶路。

这时候他在我后面大声吼了一嗓子：“你是个快乐的人，我喜欢。”我笑得金光灿烂，回头对他挥手：“谢谢哦！我也喜欢你。”然后带着更快乐的心情大步向前走去。

12月里的一天，我在电脑前工作了两小时后，站起来去厨房吃了一片菠萝，心满意足地出门散步休息眼睛。

冬季的加州依然阳光灿烂，有时候白天甚至还可以穿短袖T恤。

街道两旁五颜六色的花儿依然怒放着，尤其是玫瑰，在暖阳下恣意绽放着笑脸。各种鲜黄、橙色、金黄、火红的树叶在晶莹蓝天的映衬下，美得让人忍不住叹息！我拿着iPhone边走边拍照，想发在微博上，给那些已经进入冬天的朋友们送去一点阳光明媚的温暖和五颜六色的美丽。

走到高尔夫球场一个开口处，几个驾着球车或背着球具的人正穿过马路，从南边球场进入北边球场。我们互相招手、微笑、问候，其中一人对我说："这么舒适的天气，确实适合散步呢。"

我答："是呀，也很适合高尔夫。嘿，你今天成绩怎么样？"

他摇摇头夸张地撇嘴笑起来："太糟糕了，不过我还是得到了很多快乐。"

我说："那就对了，快乐是第一位的！"

他在球场门边回过头来大笑："对极啦！"

17年前杰夫因为爱上加州搬到这里（之前他出差来过很多次，然后为加州深深着迷）。他不止一次对我说："你和我，虽然不是生在加州，但我们是生而为了居住在加州。我爱加州，我知道，你也深爱它。"

他没说错。来美国前，我不在乎会定居在哪里，只要有杰夫的地方就是家。而在这里生活了5年之后，我深深地感到幸运，因为我深深地爱上了加州，把它视作第二故乡，第二次生命的诞生地。我现在也和加州其他居民一样，为生活在加州而快乐、自豪。

这是很温暖很触动内心的感觉。有一个地方，你爱它，它也爱你，你为在它怀里而快乐，它为使你快乐而奉献出爱和美，这种神奇的归属感和融合感有时候会令人感动到想流泪。

我希望，每个人的内心都有一个这样的地方。

## 生日感言：抛弃我，接纳我，只因爱我

我是安静得令人窒息地来到这个世界的，因呛入羊水过多，8分钟以后才向人间发出第一声啼哭，宣告自己的到来。父亲在他给我记录的一个小小本子里写着：院方下了病危通知书，答应尽力抢救。

感谢那些我不知其名的医生，是他们的努力，让我这一段生命旅程预期进入这个美丽而苦难的星球，经历了如此五味杂陈的丰富人生。

因了这样的方式到来，我对这个世界的印象是双重的，也注定了我要经历的，比很多人要丰富而复杂；在痛苦和快乐之间，在欢笑和泪水之间，在冷漠和温暖、拒绝和接纳、绝望与希望……之间，我跌宕起伏着。但内心一直有个执着不变的信念，一直想确切地弄清：我为了什么而来到这个一开始并不欢迎我的世界，用过时或者时髦的话来说：我生命的意义是什么？

在经历了毁灭性的打击和凤凰涅槃的新生之后，终于找到答案：我的生命，真的是为了让这个世界更温暖美好而来，我的使命就是像挽救了我小小性命的医生们那样，尽力地帮助那些曾经和我一样急迫需要帮助的人们。这是这个世界在开始拒绝我，然后接纳我，再给我一连串的艰难和打击，最终伸开双臂拥我入怀，给我厚爱的最根本原因。这是它对我的锻炼和考验，我有幸明白并通过。

曾经看过一篇关于性格类型的文章，里面说，“理想主义者”（经过测试为我的类型）好像永远在寻找生命的意义。他们非常崇尚人与

人之间和各种关系中的真实和正直，容易将别人理想化。许多“理想主义者”本能地喜欢帮助别人成长和进步。这是一类关心个人成长和如何理解他人与自我的人。

在美国这几年，通过心理学的学习和研究，通过参加各种各样的活动，接触各种各样的人，我越来越清楚地看到自己的使命，看到自己生命的意义，就是帮助别人成长和进步，指的是心理上心灵上的帮助，不是做饭看孩子那类生活上的帮助。

杰夫知道这个，我的教授和同学们也知道，班里有位同学在Facebook上分享给我的一张孩子搂着小狗把脸埋进它背上的照片和文字链接时，说：“它让我想起了你，Jessi。”是的，班上同学和教授都知道我在做的事和兴趣所在，我对用动物来辅助矫正早期受过伤害的孩子的人格问题这一方法非常关注，希望毕业后能找到这类相关工作或者做相关义工。因为我知道孩童时代的经历会极大地影响他的一生，影响他的人格和心理是否健康。我曾经是一个被世界抛弃的孩子，我曾经苦苦求爱而不得（童年生活经历：父母不和谐的婚姻，过于严厉的要求，忙于工作而对孩子心灵需求的疏忽……中国90%以上的孩子有过类似的童年，不管是过于溺爱还是过于疏忽，原生家庭的伤害到处可以见到），我知道那种痛，和那痛带来的长久伤害。

我是曾经受伤的孩子，但这世间总有人在帮助我，给我爱和勇气，现在，在我渐渐痊愈和康复之后，我有了能力和渴望帮助别人，这是冥冥之中的命运。

当然，我不是大神，也非大师，我只是努力尽自己的一点微薄之力，回应那些把手伸给我的人们。

祈求亲爱的上帝，请多给我展示这样的时刻：微笑、慈爱、智慧、健康和美丽。坚持下去，你会发现生命的真实意义，看到自己的使命所在，从而实现自己的梦想。

生日这天，写下一点小小感言，感谢给我生命的父母，感谢养育我的世界，感谢陪伴我的亲人和朋友们。

## 爱在路上：自驾穿行半个美国的浪漫

美国朋友从欧洲旅行回来给我们看他的照片，那些异国风情的景色、建筑和人们，激活了我自己一段不曾褪色的记忆。那是刚来美国不到3个月时，和杰夫自驾穿行美国中西部11个州，回到他的家乡爱荷华举办我们的美国婚礼（此前，我们在中国时已经举办过一次婚礼了）。

2009年6月26日下午5点左右，杰夫和我（那时同样已经拿到签证的女儿还在国内暂时不想过来）开着装满了两大箱换洗衣物，3个塞满水、果汁、牛奶、水果、蔬菜、火腿片和冰块等东西的cooler（便携式冷藏箱），两台笔记本电脑，以及我的各种零食、枕头、毯子……的车向着中部出发。

两周后，7月9日下午5点差一刻，我们布满各种小飞虫和蝴蝶以及各州尘土的车停在了自家车库门前。

整个行程14天，7000多公里，其中5天半是待在爱荷华婆婆家，两夜一天在科罗拉多州也是从中国嫁过来的姐妹尤欣家，驶过落基山脉、密苏里河、盐湖城、黑山地区、总统石像国家纪念区、著名的大提顿国家公园（Grand Teton）、Crazy Horse Memorial（历史上曾经到华盛顿讲和但最终被杀害的印第安首领疯马纪念馆）等很多美国著名的地方。

此次千里自驾，我看够了美丽的中西部自然风景和大小市、镇风景（甚至经过一个只有一人的小镇），经历了印第安文化、牛仔风情和各种友好的、稀奇古怪的当地人，或和我们一样来自很远地方的旅行者，跨越了两个时区，最终顺利回到杰夫的家乡爱荷华，见到了他温暖大家庭里的每一个成员，圆满地完成了此行的主要目的——我们的美国婚礼。

第一次与他们见面，我立刻感受到这个充满浓浓亲情的大家庭里的自由和爱，大家都非常喜欢我，和公婆的初次见面也非常放松。拥抱了极有男人气又十分慈爱的公公后，忍不住双手捂住他的大耳垂摸了摸，说："大耳垂有福气，摸了沾运气。"大家都开心地笑了。

我完全没有要在婆婆面前表现贤惠和照顾她儿子的压力，每天早上想赖床到几点就赖到几点，没有任何人有半点不快。每次吃完饭我帮婆婆收拾刀叉盘子进洗碗机，她都非常开心和感激。

因为我有每天早上空腹喝一杯蜂蜜水的习惯，爱吃辣食，出行前杰夫和婆婆通电话，要求她为我买一瓶蜂蜜、一瓶Tabasco酸辣汁和一瓶布朗辣芥末，以让我仍然能吃到自己喜欢的东西。婆婆欣然应承下来并悉数买回，让我感受到被呵护的温暖。

离别时大家依依不舍，我和婆婆、妹妹都流了泪，男人们（公公、哥哥、弟弟）红了眼圈。

一路上，我们遇见了野生大熊、野鹿、美洲大角鹿、北美野生水牛（bison）、美国国鸟白头鹰（bald eagle）、小松鼠、小野兔和各种奇怪、可爱的鸟儿；品尝了包括大角鹿、北美水牛在内的各种野生动物美食；购买了纪念装饰品、T恤等；还经历了在赌场赢钱、因超速被警察"追捕"等有趣的事件。

美国中西部之行大大丰富了我的人生经验，让我开了眼界。尤其，两个人一起上路的快乐和温暖，一生也不会散去。

旅途中，我看到美国广阔而“荒芜”的大片土地（没有庄稼，只有满地野草和零星树木的原野），多次有这样一个真切的感受：这就是我的地球！这就是地球的表面！广阔无垠的蓝天、白云、原野和远在天边的地平线，一次次给我震撼，一次次令我泪水盈眶，一次次感动弥漫心间。我对自己居住的这个星球，真切地充满了感激和爱！

这个感觉，随着我在美国居住的时间愈长，尤其因为心理学硕士的学习所接触到和感受到的印第安文化和这里的人们对自然的热爱，而愈加强烈和明晰。

没想到的是，我一步步回归自然，回归地球母亲怀抱的路，居然是在当今科技最发达的美国开始的。

这次自驾行除了让我更多地了解这个以前只在教科书和媒体里看到的国家，也更加挚爱我的男人。整个行程，他的耐心和爱让我快乐、感动，他的博识和精力令我钦佩、惊叹。一路上，主动为我解说（或回答我提问的）有关美国的历史、地理、文化、风俗、人情等知识。

这次旅程，我没有开过一秒车，全程由他驾驶，而且不论我在旁边昏昏大睡留他寂寞自驾，还是不停地开窗、关窗、贴遮阳膜、揭遮阳膜、翻零食、找饮料、系上/松开安全带、提问题地捣腾，他从未表现出一丝不耐烦或者抱怨，总是温暖地笑着，总是开心地说着，总是贴心地为我买着零食和纪念品。

全部计划、安排、预订、付账、驾驶、解说他一人包了。这是我生命中第一次最舒服最快乐的旅行，没有疲乏和无聊，只有各种新奇、开心和享受。

曾经有那么几个瞬间，会觉得周围的一切都变得不真实，似在梦中一般，有一种想流泪的感动。感动于生命里这美好的一刻，感动于那些给我温暖陪我走过一段的人。这样的体验，在我生命里、旅途中常常出现。

我记录下这一切，我记录下我们一起走过的路，无论你是否为我的文字感动，无论你是否能懂（我知道你其实不可能看懂中文），我只是静静地坐在这里敲击键盘，敲下我们一起经历的美好时光，敲下对你刻骨的爱和深深的眷念。

时光会流走，一切会消逝，我曾经为你流过的泪，我曾经带给你的快乐，将深深地淹没在岁月的风尘里，有一天，我们的身体也会化为尘土。然而，即使在那想象都无法企及的遥远的时间的尽头，留下的是永恒的爱。

说几件我们旅途中的几件小趣事吧，看起来很可爱的狗哥杰夫，其实也有很可恶的一面。

## 让我露胸给大货司机看

车在路上跑着时，我看够了风景聊累了嘴就会好奇地回头打量我们刚刚超过的那些大型货车驾驶员，感觉他们高高在上，很酷。

但是，一个人孤单地跑那么长的距离也应该是够无聊的吧。正像我告诉杰夫的，“每次我扭头看他们，都遇到他们正低头看我，有点尴尬呢！不过也看出他们很孤独无聊。哈哈。”

杰夫听了居然嬉笑着回答：“Then you can show him your breasts，give him some fun——你可以露胸给他看看，给他点fun（乐趣）。”

我逗他：“真的？我可以？”

他哈哈笑着说：“可以可以，长途大货司机路途漫长寂寞，开个玩笑没事的，他们会喜欢。但是一定要看清楚是不是真就他一个人，要是他老婆在旁边我们就有麻烦了，会被他们的车子追得飞起来！”

这是美国人最重要的生活态度，要有fun。不管生活有多么艰难，也不会停止制造或寻找fun。他们最爱说的一句话是：“If no fun，why do it（如果觉得没有乐趣，为什么还要去做）？”不管是工作、生活还是爱情，他们都极少勉强将就，不喜欢、没有fun就不做，就结束，就改变。

## 超速被警车追赶

后来他真的把车子开得飞起来。在我晃晃悠悠、迷迷糊糊闭眼享受时，他开口说话了：“老婆，我们真有麻烦了，后面警察在追我。”

我看他嬉皮笑脸的样子不像在说正经事，就随口接了句：“是吗？为什么？”

他说：“我超速……”

再然后，我抬眼一看后视镜，天哪，一辆警车闪着警灯真的在我们后面紧紧追赶！

我完全清醒了，赶紧坐直身，瞪大眼，看见杰夫确实已经打开右转向灯在减速了！这是靠边停车的信号。不过，他没有马上停下来，而是继续开了两三分钟，直到在一个路口下了高速路才靠边停车。

估计就是因为这个给了警察好感，因为他考虑到了警察的安全。警察下车走过来对他说："先生，我们看见你超速，不过这次只是一个警告，希望以后注意。"

杰夫说感谢，然后递上自己的驾照。警察拿着走回车上去了。我问，他在干什么？杰夫说，查我原来的记录。好在狗哥一直是良民，没有不良记录，我们很快就被放行。

第二天，在上一个长长的大坡时，看见宽宽的分隔带那边迎面而来的一辆大货车对着我们闪了几下大灯。

杰夫问："知道那是什么意思吗？提醒我他后面有警察。"

果然，不到两分钟，我们的车开上坡顶就看见一辆警车"躲"在路中隔离带里。我看着那车哈哈大笑，这真是全世界都在玩的猫和老鼠的游戏啊！我说，警察也一定懂得你们的信号吧？他笑着说可能哦。

真感谢那个司机的提醒，不然的话，这次一定被罚。在那些宽阔的高速路上，车少风顺，确实一不注意就会忘乎所以超速了。

## 没有老婆以为的那样贴心

在科罗拉多崎岖的山路上绕来绕去时，我不仅没有因为前一夜缺觉和大量的急转晕车，还在副驾座上睡得相当舒服，因为杰夫没有像他一贯的那样把车开得飞起来。

几个美梦终于做完后，我睁眼开始东张西望，他大声问："睡得好吗，宝贝？"

我感激地说："很好哇，谢谢你开得那么慢，没有把我甩来甩去。"心里还想着：真是体贴的好男人啊！

他得意地咧了咧嘴，随即又有一点底气不足地问我："知道为什么我没有开快吗？"

我问："为什么？"暗里预感到不会有好话。

果然他嬉皮笑脸地乐了："因为前面一直有辆很慢的大车！"

我气得嗷的一声，伸手在他臂上狠挠了一把，他哈哈大笑。

## 在婚礼上违规放烟花

这次回爱荷华举办婚礼，杰夫安排了一个节目，就是我们重新交换誓言（在中国的婚礼上已交换过了）之后，他给他最好的朋友盖瑞做个手势，盖瑞用手机通知等在湖另一边的小伙子们（主要仪式在湖边进行），他们就会点燃我们在路上买的几大箱烟花。

他知道那是不允许的，被警察抓到了要罚大钱，而且"爸爸看见了也许会不高兴，因为这样做是非法的"，但是，"在我们大喜的日子，我们就稍微特别一下，来点惊喜吧！"他说。

在当地德高望重的公公是遵纪守法的良民一个。不过，后来烟花在夜空绚丽地绽开，公公看见了也十分开心，而且马上猜出和盖瑞有关。看来，老姜就是辣啊！

回来的路上再次经过美丽的Lake Tahoe（太浩湖，也译作塔霍湖），我们停车下去观赏。沙滩上躺着漂亮的比基尼女郎，我问："帮你拍几张照片？"

他狗脸乐开了花："谢谢你宝贝！你对我太好啦！"

拍了几张后，我又让他站在合适位置让比基尼美女做背景照了两张。然后我看见一个单独躺在一边的，雪白的肌肤粉嫩耀眼，我说："哇，好漂亮，再帮你拍一张？"

没想到他连连摇头并发出一种很不喜欢的声音说："呃，No! No! No! 她太白了，很丑！"

我晕了一下，马上想起一位姐妹说的话，说我在中国时不够白，来了美国又不够黑……

美国人觉得晒成小麦色的皮肤最健康性感。

因为我的皮肤比较白，听他这么一反感，有些心虚地问他："那你是不是觉得我也很丑啊？"

他说："不，亲爱的，我爱你的颜色，你的肤色很漂亮。"

嗨，对呀，再白也是黄种人，天然就有颜色啊。哎，我们黄色的底子，在使劲追求着浅白，而他们雪白的肌肤，却拼命晒成深色，人真是缺什么想什么啊！

当然我也偷瞄了不少浅发碧眼、身材性感的帅哥。杰夫不客气地揭我老底："我知道你的眼睛一直在忙些什么。"

知道就好，哈哈。

这次11州自驾旅行，让我真正感受到了美国人更加接近大自然的生活方式。他们享受阳光，热爱运动，喜欢赤脚，在路上看见的孩子们（包括装在篮子里的小婴儿）几乎全都赤着脚，甚至光着脚进入公共卫生间。

后来，曾经在明尼苏达州雪花满天飞的寒冬机场，也见过好几双赤裸的婴儿小脚。我有些揪心地观察着那些宝宝，他们却毫无不适，天真地笑着的小脸和小嘴红扑扑的。

我猜想，美国人大部分高大健壮，除了人种，也许另一个原因就是他们热爱阳光，享受户外活动和运动，这对促进孩子的骨骼生长发育十分有利。

我们夜晚寄宿的旅馆和酒店根据行程时间的固定与否，有些由杰夫事先在网上预订好，有些则是临时投奔，有高档有普通，但不管是什么样的夜宿地，都是我们的温柔乡，我们吃饭、休息、整理照片、计划第二天行程、闲聊、洗澡、睡觉……

这次的旅途结束了，更多的行程在前面。湖光山色里有你和我同行，我的旅途更加美丽，温暖而难忘。看着身边的你，一种暖暖的感觉悄悄点亮身体的每一个细胞，我变得暖和、明亮、轻盈。

有个一路牵着你手的人，关切地注视着你，开心地逗弄着你，悉心地照顾着你，贴心地安排着一切。在他身边，心，变得异常的宁静和放松。

这样的时刻，这样的日子，是不是可以说，那个曾经魂牵梦萦多少次的梦想真切实现了？

未来的日子，让我的一双小脚踏着你的大脚印，走遍千山万水，让我们一起捕捉飞鸟的影子，倾听花开的声音，迎接春风的亲吻，感受夏阳的炽热，细品秋果的甜美，嗅闻冬雪的气息，直到我的白发在风中舞乱，直到你经过漫漫岁月仍温暖如初的手，牵着我，走到天堂的门口。

## 中篇

# 在北美大陆学习与工作，痛并快乐着

我的生命中有好几次，在以为不可能的情况下硬着头皮向前，或者在以为爬不上去的谷底不顾一切往上爬，最终老天都帮助了我，到达那“不可能”的彼端，将生命的层次提高一大截。

## 在美国第一次打工实践

到美国已经十来个月了，驾照也拿到了，就跃跃欲试想找份工作体验和接触这个新鲜的社会。周末送尚未拿到驾照的女儿小妞去学校买书，然后再送她到打工的购物中心里。因为时间还早，我们在汇集了各国快餐的餐区吃了点东西，随意逛了逛。

走到一家叫作Justice的小女孩饰品衣物文具商场，看着那些精致漂亮的女孩用品，我那颗对孩子及其可爱用品完全没有抵抗力的心一动，眼睛发出光来。机灵的小妞看出来了，恰到好处地鼓动说："挺不错啊，问问他们招人不？"

我们就进去了。找工作人员要了张申请表，回到餐区找张桌子坐下填好，再回去交给助理经理。她接过后说："OK，经理要周一才上班，我到时交给她，她会给你电话的。"

周末上网查阅了这个商店的很多细节，知道这是一个全国连锁的大型企业，目前正以很好的势头继续发展。了解更多一些相关情况后，打印出一张简历。周一早上没等经理打电话给我，自己开车到商场。找到经理自我介绍，把简历递给她。然后凭着记忆和她随意聊了几句关于此店的情况，问了几个问题，经理似乎很满意，对我说："明天下午3点半来面试吧。"

第二天下午，我再次开车去到商场。进入店里，经理愉快而礼貌地和我寒暄了几句，马上开始面试，非常干脆、紧凑。面试内容也实在让人跌破眼镜。

我事先准备好的问题一个也没问。只是要求我谈了在两种情况下处理问题的思路和方法，考察同时面对大量问题和紧急情况下处理的方式和顺序；然后设定一种顾客特别需求的情况，让我自己选择、运用店里的商品解决，考察知识和创造性；最后再让我观察一个店员做一件事的程序和速度，马上完全照做一遍，考察我的速度、记忆、灵活性和条理性。

面试方式很灵活随意，伴随着店里活泼的背景广告说唱，我们不停地各处走动，挑选、搭配、整理……经理是个皮肤黝黑，面容俊美的年轻墨西哥女子，高挑开朗，说话速度极快。我最初有一丝眩晕，不过很快稳定下来，最终顺利完成面试。

最后她说："你有什么问题要问我的？"

我想了想，回答："有两个问题我想知道：1. 如果我被录取，你们会怎么评判我在工作中的表现？即，以什么为标准决定加薪或嘉奖？2. 什么时候我可以得到今天的面试结果？"

她回答了第一个问题后，说："嗯，大概周六左右告诉你结果。"

我满意地伸出手来和她相握："好的，谢谢！Have a nice day（快乐一天）！再见。"

周四下午，就是我在《深爱加利福尼亚》里写的和那个说我是个快乐的人，他喜欢我的中年男人说完话后，继续往前走了两三分钟，就接到经理电话说："Jessi，我们决定录用你了。周六上午来店里做orientation（在美国，新工作和新入学时大都有一个活动，叫orientation，给新人做介绍）。并带上你的SSN卡（社安卡）、驾照、绿卡等。"

我就这样得到了在美国的第一份工作。虽然是part time job（兼职），但毕竟是开始接触美国社会，开始我在美国职业生涯的第一步。这是一家非常成功的大企业，在美国大部分州都有他们的店，仅仅加州就有近百家。我相信自己能在其中学到不少东西，对以后的职业、人生都会有益。

## 找工作小贴士

**顺便啰唆几句在美国找工作的小经验。主要是针对初来不久，欲在零售、餐馆之类地方找到一份兼职或全职的新手们，当然即使以后拿到了美国文凭，想在大公司就职的话，这些经验也大部分实用。**

1. 英语一定要学好！这个太重要了，我认识的不少在美国的中国人都有深刻的切身体会，尤其我自己经历过去医院体检、报名托福考试、找工作面试、回答随后的电话调查，内容包括你的SSN号（社安号）、生日、种族、有否犯罪记录、有否接受政府资助等，以及被录用后，还会让你自己填写很多表格资料。

2. 看到适合自己的工作，不管是在网上还是在店里填写了申请表以后，一定要在适当的时间亲自上门追踪（即使他们告诉你目前不招人），不要以为填了表格交给经理就万事大吉，等着某一天他们需要人了会电话你去面试。这样做的结果十有八九是没有下文了的。美国人喜欢的是主动积极的心态，你时常去询问，他会觉得你是真心很想做这份工作，也能感觉到你积极的态度。

3. 面试后的第二天给面试你的人寄一张感谢卡，感谢他/她提供给你一个可能进入这一行的机会。在美国，结婚前要送请柬，收到礼物后还要送感谢卡。被接受面试和收到结婚礼物也差不多，都需要向对方表达出你的谢意，这不仅是礼貌，也再次巧妙提醒他们你的存在。

回到我的新工作上来。因为我是个超级新手，完全没有销售经验，所以一开始我的任务是在办公室旁边的库房开包各式女孩衣物，并把它们按款式和型号挂上架，也借机熟悉商品。

第一天正好进了一批货物，我马上就投入了“战斗”。虽说在家也经常洗衣服整理衣柜等，可这样大批量且需定时完成的活却是第一次做。我抡圆了四爪，支棱起尾巴，忙得浑身毛都奓了也没能完成经理要求半小时分类挂完三箱的任务。一个小时后她进来拿东西顺便看看我做得怎么样时，我才完成了四箱半。我以为她至少会皱下眉头或至少礼貌地提醒我一下应该加快速度，没想到她却绽开灿烂的笑脸以美国人惯有的夸张语调欢快地说：“Wow，你已经完成这么多了！真不错嘢！谢谢你喔，Jessi！”

我心里的一点点紧张一扫而光，代之而起的是轻快和感激。接下来的三天都是这样，最初一段时间我其实达不到她给我提出的要求，但每次她都不是盯住我没有完成的那部分，而是对我已经分好类贴好价格标签并挂上架的那部分大加赞扬。我不是无赖，也不是傻子，她的宽容和尊重让我更加自觉而勤奋地尝试和练习，希望能早日达到要求不辜负她。到第四天，我终于可以轻松地完成得又快又好了。经理半句语重心长的总结或教诲都没有，只是开心地伸出手来和我击掌，并激动地给我一个大大的拥抱。

那天，连续干了3个小时后，感到有点渴了，就要求了15分钟带薪休息时间，走出店门，到左边离我的店一分钟不到的多国快餐食品区买了很大一杯鲜榨柠檬汁，找个近窗靠墙的位子坐下来，给小妞打了个电话。然后，边品尝酸甜冰凉的饮料边撕开一个香蕉吃着。

扭头看着宽大落地窗外面来往奔驰的车辆，心里有一种淡淡的喜悦和深深的满足感。拿到驾照找到工作前，一直没有归属感，感觉确实是“漂”在美国，虽然这里有我的家，虽然老公女儿都在身边。现在驾照拿到了，工作也有了着落，感到自己的双脚开始落到坚实的地面。

相信绝大部分初来美国定居的朋友都有这样的感受：即使拿到了绿卡，办理好了SSN，内心仍无法完全踏实下来，因为不能开车的感觉犹如没有脚，如失去自由的困兽般任由心中疯长出渴望自由渴望外面世界的野草，也只能无奈地困在屋子里团团转。只要拿到驾照有了车，就可以在这片自由的土地上尽情地探索了；有了工作，内心才会真正稳定下来，觉得自己的根须开始扎进土壤。尤其对于女人来说，经济独立是最为重要的一点，把男人作为自己的整个世界是很危险的。

幸运的是，我在国内有车有驾照，而中国驾照在加州可以使用一年，只是不能为车买保险。我到美国后不久，杰夫就去买了另一辆车，所以我也有了自己的车，凭着在国内车山人海中练出来的技术，带着杰夫给我买的GPS，我可以经常跌跌撞撞开出去，有惊无险地返回来，所以最初那段本该无聊的日子也算过得比较惬意。

晚上8点半，我收拾好工作台桌面，打开密码锁拿出自己的包跟经理和同事告别。我第一天的工作结束啦！

走出购物中心，看见满满的停车场已经变得空空荡荡，只有几辆主人晚归的车孤零零散落在各处，我的红色大福特仍然忠实地等在那里，眼眶一热差点掉下泪来，我实在为自己骄傲！在做宅女一年多以后（2008年底学校放假，2009年初我辞职），一下子高强度地劳作7个半小时，原以为自己会撑不住。本来计划的是我把车开到公交车站附近停车场，乘公车去上班，晚上杰夫开他的车来接我，把我送到我的停车地，我再自己开车回家。后来想了想，觉得没必要这么麻烦，他上一天班也够辛苦了，每天还要接送上课和打工的小妞，今天还必须给大家做晚饭，遂一咬牙自己把车开到上班地点，这意味着几乎还是初来乍到的我必须在一直不太习惯的夜晚的高速路上自己开回去。

我做到了，所以当杰夫说“噢，宝贝，我真为你骄傲”时，我也无比自豪地发自内心地回答：“我也为自己骄傲！”

回到家，正往车库倒车时，从后视镜看见车库后面通往客厅的门开了，老公和女儿出现在那里，我知道一定是杰夫听见车库门的声音，激动地高叫楼上的小妞下来迎接凯旋的老猫的。

吃完杰夫做的意大利面，坐在沙发前的地板上，我的双腿开始疼痛。杰夫给我按摩，我自己也使劲拉伸，折腾一阵，轻松多了，眼皮也沉重了，我知道自己需要重新蓄积能量了，吻了杰夫晚安，爬上楼去……

## 最高境界：没有力气哭

找到第一份在Justice的工作后，我感觉时间太少，因为每周只有三个下午的上班时间，就去全美连锁中式快餐店熊猫中餐馆（Panda Express）应聘成为厨房“大厨”。

做从未试过的事，感觉非常新奇。这个工作让我感觉新鲜，很有挑战性。原来的几十年，读书教书，一直待在象牙塔里，都待成傻子了，头脑没怎么发达，倒把四肢弄得很弱，手无缚鸡之力，而现在这份工作是技术活、体力活，既学艺又锻炼身体，所以心里很欢喜。新工作开始前和同是中国来的朋友尤欣通电话，在餐馆上过班的她告诉我带一些在厨房做事需要准备来保护自己的物品，然后笑着说，“真为你高兴，加油干，不过也等着听你累得哭鼻子呢，哈哈！”

看来她是听不到我哭了，不是不累，是累得哭不出来了。

周六开会时一个叫安安的女孩对我说，经理指定我来教你，两天内你必须学会煮大锅白饭、炒饭、炒面、两种sauce、一种汤、锅贴、炸中国鸡块，还要洗盘子、切菜……（这些事厨房里所有的炒锅师傅，包括经理本人都做），动作要快，要效率高。狗哥杰夫听我告诉他情况之后，大笑着对我说，“我的宝贝，欢迎来到资本主义社会！”

悲惨的是，我餐馆新工作正式开始的第一天（周一），电话里声若洪钟地告诉我他会买晚餐回来的狗哥，实际上从下午4点就开始全身酸痛，头晕发烧了。不过狗哥从不喜欢撒娇也不爱诉苦，总是以成熟男人的毅力默默地处理一切，所以他还是撑着带回了晚餐。吃完饭后，我把平时用来搁腿、和沙发一套的方形大座包拖到沙发前，先把脑袋和上半身放上去，接着慢慢举起酸胀的双腿搭在沙发靠背上。因为从小到大一直待在学校读书教书，过着四体不勤五谷不分生活的我，突然同时做起了两份工作，且一份还是体力支出极大的，所以感觉极其疲累；而狗哥，则被感冒击倒，蔫蔫地歪在沙发上，狗腿跷在前面短沙发的扶手上。我们就这样滑稽地一正一反瘫在那里。

他不敢亲我，也不许我亲他，怕把病毒传染给我。一个晚上，我都像躲炸弹一样躲着他，迎面错过都要绕开一点。偶尔起来去厨房拿水喝，我脚耙手软、弯腰驼背移动“老腿”的样子把狗哥逗得扑哧乐了：“Oh，we are just like poor old old Dog and Cat（噢，我们真像一对可怜的老猫老狗）！”我一下子有点凄凉地想到，有一天我们真的老了，两个老迈的家伙吃力地在屋子里蹒跚，该是多么孤单的景象，就试着开始反悔：“老公，我们还是生个宝宝吧，以后老了只有桑妮，她不可能天天陪着我们，多一个孩子就多一些孩子们回来看看我们，陪陪我们的机会呢，啊？”

像片半干的菜叶一般蔫在沙发里的狗哥衰弱却坚决地摇着头：“不要想那么远，我们离那天还早呢，我现在宁愿想想明天怎么快活地过。”看看，这就是绝不委屈自己，也从不委屈我跟小妞，懂得及时享受的狗哥。不要孩子是我先提出的，他一旦接受了想通了就不再反悔了。我的朋友们听说后，开玩笑地说浪费他的种子简直是罪过，而我则在每次床上运动结束后逗他：“我们真的罪过，这么多小巴马就这么被杀死了（因为在美国出生的孩子可以竞选总统，而现在奥巴马当政，我们当然拿他来调笑了）。”他哈哈大笑。

当天晚上8点不到，狗哥摇晃着爬到隔壁卧室里睡下了，希望第二天一早起来新鲜如初。结果是，当太阳升起时，我听他说话的声音都变了，他说一整夜喉咙疼得睡不好。看着蔫叶一般、大鼻子上还横贴着一条胶布的狗哥（因为鼻塞怕打呼影响我睡眠，他贴了止鼾鼻贴），我是又心疼又想笑，他那样子太滑稽了！同时也有点愤愤然，早不病晚不病，偏偏在我新工作的第一天病了！当天，狗哥给公司打了电话请假在家休息。周三，稍有缓解的狗哥去上班了，晚上还是不到9点就上床，他平时一般都是待到十一二点才肯睡觉的。

周四早上7点过，感觉好些的狗哥从车库出去扔垃圾包，看见我的车前轮瘪了。他打电话给维修公司，不巧他们正忙着，说一小时后才能到。但我9点20要上班，他怕来不及，就拖着病体开始帮我换轮胎，累出一身的虚汗。我着急却帮不上忙，不禁心中哀叹：怎么都赶在这一周了啊！

好在周四下午他就快速好转，甚至周五还跑去享受了最爱的高尔夫。

几天做下来，不仅自己感到开心骄傲，第五天中午休息吃饭时和经理坐在一起，他也对我表示满意。要知道，虽然安安说要用两天时间教我，实际上第一天上午她让我旁观她炒了一次饭和面之后，马上就叫我做一次给她看！OMG，“大厨”这么快就走马上任了？我高度眩晕一下之后火烧眉毛般地开始烹制人生第一锅大锅炒面。到哪里去拿面，送到哪里去预处理，处理多长时间，杂菜丝放多少，豆芽多少，沙拉油几勺，调味汁几勺，芝麻油几勺，先炒什么，多长时间，再放什么，炒到几度加什么，用哪种盘子盛面……真的不是想象中那么简单的。炒饭，又是不同的原料和调味料，程序当然也有所不同。她在一旁看着我翻炒的姿势和速度，叠声说："不错不错，很好嘛！"老猫顿时信心大增，更加卖力。

厨房里各种厨具、大小勺子不计其数，用哪种锅做酱汁，哪种器皿盛做好的汤，用哪种勺子舀什么调料，舀多少……五花八门，眼花缭乱。好在我脑袋还不算笨，都记住了。

后来她看我洗盘子的速度也说："没想到你洗盘子也挺快的啊！"总之，我的表现让小师傅满意，我自己就更美得无法说了。所以说，不尝试新的东西，你永远不知道自己到底有多能干。从第三天开始，整个上午我就"独挑大梁"，和另一位负责炒菜的墨西哥小伙子荷西包揽了整个厨房的活。每天早上9点45一进到厨房，就要马不停蹄准备今天需要的一切。因为生意好，外面不停地催要这个菜那个饭，我们两个像陀螺一样飞速旋转，到哪里都是一路小跑的。

老美太喜欢炒面了！我每次都是两袋一起炒（一袋的话几分钟就没有了），一锅面下来，有时候感到手臂都要断了，痛得抬不起来。但是不能休息，因为很快外面就报：中国鸡块吃完了，要炒；两种酱汁用完了，要做；酸辣汤喝完了，要烧；另外还要抽空把菜送到机器里守着切，因为要不停往里送；要洗不断从窗口涌进来的大小盘子……我感到人真是有很大潜能，如果是在国内，以我的身体状况要我做这样的事我感觉是绝无可能的，心理上也是不能接受的。这就是传说中大学老师到餐馆端盘子洗盘子的故事吧。

其实美国的文化完全不同，这里确确实实只有分工的不同，没有高低贵贱之分。当然，书读好了，技术熟练了，学问高本事大挣的钱多让人羡慕，但并不是高贵的象征；反之，蓝领工作凭一技之长或靠体力吃饭，也没任何人认为那是低贱丢脸的事，有的蓝领挣的钱比白领还高。真正让人瞧不起的是依赖政府，依赖父母的无赖、懒惰之徒，而靠自己的劳动生活是值得尊敬的。所以，我洗盘子，我切菜，我炒饭……我不觉得委屈，因为工资是按小时算的，每一分钟我都在为自己工作。

开始以为一周过去，体力应该适应了，会好很多。未料到第二周周二那天不知道为什么，也许商场有什么活动，所以人特别多，有无数客人要吃炒面。下午3点过了，抬头一看（厨房内有个屏幕可以观察外面的情况），还有一堆人排着呢……连炒5锅面3锅饭之后，我真的有想哭的感觉了，手臂手腕痛得要断掉一般。因为是快餐，所以是用大锅，每次炒两大袋面，我左手长铲右手长勺，双管齐下同时运作，吃奶的劲都用上了。最后终于完成时，我的手垂下来，双脚却直想往高蹦，痛死了！不过确实还没有到累得想哭的地步。是真的没有到，还是我变得坚强了，不知道。

夜里醒来感觉十个指头涨涨的，试着握拳，完全捏不紧。早上起来一看，指头个个白嫩肥壮，肿了…… 狗哥把他的一根手指头放进我的掌心，叫我握紧它，我根本无法办到。以前只在故事里读到，累得手都肿了，现在自己体验了，该哭还是笑？

出来啊！因为刚开始互不知道底细，是用英文对话的，所以他说，你看你语言（英语）这么好，又年轻，以后会有很好的发展的。说得我直乐，劳累都跑了一大半了。

做完按摩后，我一边走向停车场一边非常为自己骄傲和开心。以前只在书里读到那些为了生存或者梦想累到极致却非常坚强的人，我敬佩他们却从来不敢想象自己也能做到。我自认是个比较娇气的女人，可没想到也能如此强韧，不怕苦不怕累不怕痛，没有抱怨，没有哭闹，只有坚韧和坚持……

回到家里，登上几天没上的博客，看到一位网名叫作“鱼香肉丝”的朋友留言。她写道：“真的没有想到，你的变化这么大，可能是最早以前你刚来美国时的文章让我误会你了，我一直都认为你是很瞧不起在餐厅打工这类工作的人，所以也不敢跟你说很多话，我来美国一直都在餐厅里面打工，很开心快乐的，现在看到你努力奋斗，我真的为你高兴，有点为你感动得要流泪。你真的很棒，这么快就想通了，应该说这么快就能够融入美国社会了，在美国无论什么工作都是可以做的，只要自己喜欢，没有贵贱之分。喜欢你的话：心态决定人生（这是我新浪博客的大标题）。就是因为你的这句话，让我一直没有放弃来看你，今天终于让我知道你更好的一面了，你的前程会更好！”

我用还在肿胀颤抖的猫爪回复了她。其实这位姐妹是误会了，我从来就没有瞧不起餐厅打工，以前之所以说不去餐馆打工，是因为我的身体不太好，我知道那里非常累非常苦，我很害怕；杰夫也说不让我去餐厅打工，他说有时候需要端好几样食物，很重的，他怕我受不了。而且他一直不是很急切希望我出去工作，只希望我能多放松多享受一下在美国的新生活。他心疼我，所以对我要做的工作比较挑剔，如有姐妹介绍我去做人口普查，收入不错的，他说不放心，因为有些人不喜欢上门来做调查之类的人，怕我被伤害；又有姐妹介绍我去24小时便利店，他也说不安全，那里有时候会有人抢劫伤人。所以我的两份工作都是在没有告诉他的情况下，自己上门去弄来的。不过他知道后也同样很为我开心，给我鼓励和帮助，他说只要你喜欢，你决定了要做，就没有问题。这两周我只做过一次晚饭，其他全是他从外面买回来吃或者他做给我吃（女儿那段时间回国去了）。

杰夫已经买了周六美国纳斯卡赛车的门票，这是他最喜欢观看的运动项目。他成长的地方，离赛车场只有两三个街区，对这项运动的喜爱已经融到他的血液里去了。他说周日起码有上万人到场观看，因为我下周一要上班，所以只能周六去。

这就是我刚来美国时的生活，自己跑出去找工作，累得入骨，但是也有机会享受很多从前不敢想或者想不到的快乐，我喜欢这样的生活。同时，和杰夫商量后，我决定重返校园，进入美国大学读书，以便找到更好的工作，而且在美国读大学也是我一直梦想的。目标锁定社区大学，原因后面会说。

# 惊险忐忑的美国大学第一天

2010年8月17日，我在美国社区大学的第一天，经历了预想不到的惊险和早已在心的忐忑。

早上6点半醒来，就再也无法入睡了。起床洗澡、梳妆、吃饭，然后打开电脑注册一门要求只能今天完成登记的商业数学基础课。

时针指向8点10分，我对和我同校的小妞说："走吧，早点去，还要找教室呢。"

由于我只去过学校两次，还不是很熟悉。而已经读了一个学期的小妞是个马大哈，以前都是杰夫爸爸送她去上课，假期回国3个月再回来居然也记不清自己学校的路了。等我东看西看极力辨认，而她也终于想起来该左转时，我刚刚开到直行线的停车线前，来不及转了，只好硬着头皮直开出去。

可怕的是，因为心急，居然找不到合适的掉头路口。然后惊恐地发现，我的车开进了逆向单行线里！

好在那时车不多，又是在一条小背街里，所以没有引起任何堵塞，更没有引来酷毙的警察叔叔。

当机立断拐进旁边一个小停车场，伸长脖子看好地形之后，再绕回到正确车道上。

在等红灯时吩咐小妞打开车窗对旁边车里的小两口招手示意，他们摇下车窗，我们赶紧问路，得知直行一段就可以，这才再摸摸怦怦狂跳的老心肝放心前行。

要知道，今天是我的第一节课，迟到了不是好玩的。据说有厉害的教授迟到一次要扣掉10分，我早上辛苦注册也只得了5分呢，所以不敢随便造次。而这一迷路，一绕行，大把宝贵的时间哗哗溜走了……

另一个更主要的原因是，我今天的课能不能继续上还是个未知数。本想争取在上课前和教授套套近乎，说几句话加深印象的，这可怜的小小心愿也因此泡汤。为什么我会有这样的顾虑呢？因为当我考完英文水平测试（以决定可选课程）的第二天，守着电脑查了好几次，终于看见结果出来赶紧打开网页报名时，这门课的所有时间段都已经人满关闭了。因为我尚不是在校生，不能像小妞那样有选课的优先权——她的课7月份杰夫就帮她选好了，那时她人还在国内。

美国社区大学里，新入学英语非母语的学生必须先参加英文水平考试，再根据成绩选报不同课程。我很顺利地通过了最高级测试，直接读ESL100（ESL——English as a Second Language，以英语为第二语言的课程。其实我已经没有必要读这门课，以后会解释原因），所以我马上分别给教此课的两位教授发了邮件，说明情况，希望能有机会进入他/她的班级。

很快，男女教授都给我回信了，意思基本一样："开学后的第一二次课来我的班上试试吧。有时候会有人选了，但又因故退出，你就有机会进入了（此课每班限员24人）。"

据说今年（2010）注册的学生是去年的2倍，因为经济的原因，找工作困难，很多人重返校园以期提高自己，谋求好的出路，我也算其中一员吧。

开始只想学点实用的东西，拿个美国副学士学位以便找个稍好点的工作，没想到一年后去读了硕士，不过这是后话。

我今天就是去上那位女教授的课，9点开始；男教授的课9月7日才开，是早上7点半的。小妞选的ESL100就是他的，因为她的其他课时间错不开。

当我们有惊无险顺利到达校园时，又傻眼了：所有车位都已停满！我们假期来买书时空空荡荡的景象一去不返。因为美国学生大多数在选择大学时主要选择离家近的学校，而且社区大学一般都没有学生宿舍，所以不管是四年制的本科大学还是两年制的社区大学，开车上课非常普遍，校园里各个教学区域都有停车场。

绕了半天终于看到一辆正在倒退的车，欣喜地冲上前等他开走，立马插进去停稳。

一看表，还有五六分钟，二人撒开脚丫就跑。总算在各自班级开课前到达，我还幸运地得到一个第一排边上的位子。

坐定之后，瞅机会告诉教授黛博拉我的情况。不料右后排一越南男生听到后对黛博拉说："我和她一样。"

黛博拉圆睁双眼夸张地叫："Oh my God（天啊）！"赶紧拿起名册点名，看看来了多少人。结果，有5人未到。

我没有暗喜，猜他们只是迟到。

果然一会儿又来了两个，第二个甚至迟到近一小时。

形势有点紧张，因为多了一个竞争对手。你想啊，如果只有一个名额，我和那个男生她会选谁，根据同性相斥异性相吸的原理，用脚后跟都能想出来我很容易出局，所以我必须全力表现，努力争取了。

接下来的时间，我大脑飞转，大嘴勤开，积极应接黛博拉。我知道美国人喜欢课堂互动，喜欢积极思考回应教授的学生，我要给她留个最好印象。

这招很管用，她目光投向我，对我微笑的次数越来越多。

最后，因一件小事我给了她极好的印象（我敢保证是这样）：说到此门课要用的书，她问："你们知道是哪几本吗？"

这个她在网上早公布了，我和小妞已经在开学前各买了一套。所以我就弯腰从地上的书包里拿出来摊在桌子上。

她一瞥之下，惊喜得直叫！

她转头问那个男生："你买了吗？"

男生笑着摇头，黛博拉也跟着摇头："啊哦，你没有准备好。"然后她调皮地一笑，说："如果只有一个名额的话，你们说我能拒绝她吗？肯定不能啊，她准备得多好啊！"

我闻言得意地环视一下，才发现好像全班就我一个人买了书。怪不得她尖叫……而且她自己也忘记带其中一本了，找我借来向全班展示是哪几本。

这要感谢我"财大气粗"的狗哥。他不在乎书有多贵，只怕我们不能及时用上，所以一直敦促我们去学校书店买了新书。而其他学生，我知道，都在等着从网上或者老生手里买，甚至向慷慨的老生借书。因为美国的教科书很贵，所以很多学生用完后把它们卖给其他学生、书店或一些租售旧课本的网站，下一级的学生以相对低价买来接着用。

小妞一上海同学很厉害，找教她的教授借。那本200多刀（美金）的书一借一学期，期末才还给教授，省下的钱据说买衣服穿了。

我的数学书也是近200刀，太贵了。我就没有听杰夫的建议去买新书，而是回家上网查询求助，最后以130刀买到。

下课后，黛博拉要我和那个男生留下来。她告诉我们："今天有3人没来，下次课你们也来吧。如果那三个人都不来了，你们就成功了！"

我赶紧双手合十，求上帝保佑，老天保佑，菩萨保佑，真主保佑，给我们机会！

第二次课结束后，黛博拉给我们看一张单子，上面只剩一个注册码了，旁边一栏写着我的名字：Jessi。真的只剩一个名额了！我真的顺利得到注册码，进入她的班级！

老天助我啊，呵呵。看着她对那个男生说"已经满员了"的表情，我既抱歉又心花怒放。

说来我和小妞很幸运，这个学校（Santa Rosa Junior College，简称SRJC）是美国最好的三所社区大学之一，排名第二。有人认为社区大学不是正规大学，只相当于国内中专、技校什么的。这其实是误解，社区大学就是正规大学，不过学制只有两年，毕业后拿副学士学位，如果还想拿到学士学位，社区大学的很多课程学分都可以转到4年制大学，包括一流大学，如加州大学伯克利分校（UCB），加州大学洛杉矶分校（UCLA）等，都接受的。社区大学规模都很可观，通常在校生达一万到两万。

# 在美国考托福iBT

在读社区大学前，2009年深秋，我一边在等着ECE和WES（美国三大权威学历评估机构其中两个）给我完成国内本科学历和北师大硕士课程的评估，一边准备着iBT（托福网考）。因为想实现心底一个小小愿望：在美国校园里学习，和18岁的女儿一起再做一次学生。

英语非母语的学生读社区大学只需要一个本校指定的英语水平测试，要读四年制本科或者读硕士，就必须去考托福。各个学校对托福的分数有不同的要求。

开始准备时，在美国能买到的资料就是英文版的OG（ETS官方指南，1CD）和巴朗的iBT备考指南（内附1CD，共7套模拟题），书很贵，且可选择的种类比国内简直少得可怜。这里也没有像国内那样的大型互助论坛，供大家谈经验，写经历，并泄露刚考完的题目和题型等——最后一点在美国做了会被抓起来的。

好在国内那几个小有名气的留学论坛像太傻、寄托天下、小马过河等什么都有，我天天猫在电脑前找资料，看经验，眼睛都快成斗鸡眼了，又痒又痛，上点眼药继续看。后来实在受不了，就下载打印了一大本张红岩的《iBT词以类记》，准备用这3本过关新托福了。

我发现自己的弱项在专业词汇。那些单词，有些是生活中基本用不到的，杰夫都说他没有见过。看OG的官方指南和巴朗的学术技巧时，几乎没有感觉什么困难，几十页顺顺当当就过了，心里有点小得意，看来这个托福比较好搞定呀。结果，当真正开始做练习时马上傻眼了：一篇阅读里有十几个单词不认识！那些什么地磁学、子午线，腔肠动物、软体动物、碳氢化合物、佣金、碳水化合物、离差等“高深”的词汇因为平时极少接触而不认识。顿时就有些绝望的感觉。不过还是老老实实查了单词硬着头皮继续，这一继续又让我有了点信心：如果单词都认识的话，我的阅读题做下来基本全对！

听力和口语我知道自己问题不大，真正要紧张一下的应该是写作，学术性文章的写作。这也和单词量分不开，米都没有怎么做饭？因此，马上把目标锁定在迅速扩大词汇量上来。

因为离考试只有一个月不到了，所以决定用20天左右把单词掌握，再用剩下的时间（剩下多少算多少）去做OG和巴朗的模考题，熟悉一下题型。不可能达到最好效果了，只求达到学校要求。同时找出来美国前顺手丢进行李箱的杨鹏的《17天搞定GRE单词》小册子查找提高效率的诀窍。他的方法就是多次重复接触单词，在遗忘以前及时复习，初次接触只是很快看一下，混个脸熟，在一个单词上停留的时间不要太长，但是复习一定要及时，根据人的记忆特点/遗忘周期来背，经过多次反复的接触，单词也就牢记在心中了。要背的单词量会每天大量增加（每天新的再加上前面背过需要复习的）。而且，这个方法一开始就不能停止，否则前功尽弃。

我停止了每个周五下午和杰夫打高尔夫的活动，开始每天和100到几百个单词拉关系、混脸熟的痛苦历程，有时一天要花十来个小时复习和记忆。最艰难的时期，是在需要复习的周期中堆积的词汇达到最大量时。此后有些词汇已经达到记忆所要求的复习次数，也确实记牢了，慢慢地减少每天需要接触的单词量，又会变得比较轻松。

有一天下午复习到还差两页时，实在觉得要崩溃了，感觉再多看一个单词，人就会砰的一下爆炸了，头又晕又痛，还直想吐。站起来一把丢了书叫女儿陪我出去走走，到家附近的一个小公园荡荡秋千休息一下。

好笑的是，荡完秋千回到家里第一件事就是下意识地拿起书又开始复习。不禁苦笑一下自我调侃：学而不死是为神。俺差不多是个女神了。后来在网上找到了张红岩的词以类记MP3和俞敏洪的单词串讲音频装到我的手机上，眼睛实在太痛了就听听。

20多天的时间就这样飞一般过去了。

12月12日早上不到6点就醒了，赖了一小会儿暖乎乎的被窝后坚决跳下床，因为考试是8点开始，要求7点半签到。

因为不熟悉路，杰夫的计划是送我过去，然后中午他从公司赶到考试地点接我并送我回家，再回去上班。从他公司到我的考场单程就要30分钟，我不想给他添麻烦，就说："干脆你在前面带我，我开车跟随你到考场，考完后用GPS自己回家。"

他有些犹豫，我说就这样定了，相信我的能力吧。

他点头说，"好。"

说实话刚一跟上他的车我就有点后悔。

在这个下着雨的清晨，天仍然黑黑的。他在前面每次踩刹车，那耀眼的红灯就晃得我有些头晕。心想要是能坐在他旁边舒舒服服闭眼打会儿盹多好呀。不过想到给他减轻了跑来跑去的负担也就觉得释然了。在北美这块新大陆上，我应该尽快学会独立，才能开拓更广阔的空间，享受更自由惬意的生活。

我们是第三个到的，里面只有一个和蔼的中年男人负责接待和监督我们。

出示了护照和打印出来的报名信息后，他递给我几张纸要求阅读并签名。最后要求我们抄写一段话，大意是保证参加考试的是本人，而且考完后不泄露考试内容。

因为考场不能带进任何东西（除了护照和眼镜），连外套也要脱了挂在衣架上。抄完那段话之后，他给了我一把钥匙，让我把包和水放进储物柜里暂存。然后就静静坐着等待考试开始了。

看我做完这一切，杰夫吻了我一下说："亲爱的，我得回家洗澡准备上班了，祝你好运！"

我目送他出门后和其他考生聊天。

考生一共9个，5个亚洲人面孔，问了一下，都不是中国人。另外几个浅发碧眼的是欧洲人。

他们基本都不是第一次参加托福考试了，以前的成绩不够好，所以才来再考。听到这个我心里的紧张霎时减了一半，这次就是考不好也有理由不自责啦，大不了再来一次。

大约7点50，我们依次被点名带进一间有十几台电脑的大屋子。经过检查护照、摄像头照相、签名以及测试电脑之后，考试正式开始。

iBT是连续4小时，中间只休息10分钟的网上考试，所以是一场对体力和脑力的考验。我之前一直有些紧张，怕自己会累得考不完。

不过真正开始后发现，情况没有想象的那么糟糕。稀里哗啦两个小时一晃就过去了，屏幕跳出提示来要我休息10分钟。

走出考场，监考让我签下名字和时间。整个过程一共签了4次名字和时间：初次进去时；中间出来休息时；休息结束回去继续时；考完后。

监考一直坐在外间看着我们，一扇很大的玻璃窗可以观察我们9个。我们可以随时举手招他进来解决遇到的问题。

11点50我比规定时间提早10分钟结束了考试，签完字一看表，才11：53，比预想的早。

走到储存物品的地方，打开柜子，拿出背包穿上外套，走出大楼。

地上还是湿漉漉的，空气清新凉爽。

我上车拿出相机，给这个在美国参加第一次考试的地方拍了张照片，再给杰夫发了条短消息：All done（考完了）。然后开车回家。

# 在社区大学上ESL语言课

ESL100果然不轻松，阅读量大，作业多。

我们纷纷叫苦，教授黛博拉坏笑着说："是啊，要读写的东西可多了。那就意味着以后不能再有参加派对、逛商场、看电视、玩网络游戏、闲逛，甚至周末整天做家务的时间……"我们绝望地问："那有洗澡的时间吗？"

她马上答："这个倒是有的，只有洗澡的时间。"

一群几天不洗澡的人坐在教室里的后果，她还是能轻易想象得出来的。

课上读这个ESL以后，好几个朋友问了我这个问题：你原来考的托福没有用吗？为什么还要上ESL？

托福成绩出来后，我们去了加州大学分属的索诺马州立大学，想读心理学专业本科，拿个第二学士学位。可是学校不收我，说你已经有一个学位了，现在回来读书的人很多，我们只把机会留给那些一个学位也没有的人。你去读硕士吧。

硕士，我有资格申请的，似乎只有心理学和英语语言学，因为我本科是英语专业，后来又在北师大完成了心理学在职硕士课程，而且我在美国权威学历评估机构评了这两个专业的相关学分，确实可以省不少时间和学费。可那时我刚到美国不久，哪有力气和胆量直接就去读硕士，所以就放弃了。

因此，2009年12月考的托福也慢慢淡出记忆了。

晃到2010年7月份，和狗哥杰夫商量后决定，去读社区大学吧，花一年时间读一个实用的课程，拿个证书，对以后找工作有好处。反正技多不压身，再说，有接受教育、不断成长的能力和兴趣，也是美国社会很看重的。他们需要你拥有那个证书，也主要是出于这个因素考虑。

至于专业，我是在狗哥的“引诱哄骗”下选定的：商业管理。他说在资本主义社会里，这个专业永远有用。

我稀里糊涂上钩之后报了名，方才想起学这个专业，我必须通过那早抛到爪哇国的数学考试！可后悔已经来不及了。唉，多年不在江湖混，大脑早已迟钝退化，居然忘记这最重要的一点。当初北师大读发展心理学时，统计学是靠半考半蒙半开卷过关的，现在……

不过狗哥啷啷拍着胸部说：“老婆，我观察你很久了，足够了解你，你保证能学得会！不要怀疑自己的能力啊。再说，你还有我这个天才狗教授呢，我不会看着你水深火热而视死如归，哦不，视而不见的。赶紧把心放回肚子里明天去学校买书吧，啊乖。”

这一番威逼利诱加甜言蜜语加信誓旦旦，我也欣欣然觉得自己既是天才的老婆，至少也算半个天才了。

第二天兴冲冲拉上小妞直奔学校书店买书。结果没找到旧书，新书一看价钱，小200美刀，好大好厚的一本呢！鼓涨的信心一下被扑哧吓出了好几个孔，既被价钱也被知识的分量。

赶紧又拉上小妞逃出来，回家上网咨询查看，总算买到一本符合全部要求的，130刀搞定。

而ESL，是因为狗哥得寸进尺弄来的。

我报完课程之后，他进一步引诱我说，既然都读了这么多了，何不干脆将就拿个副学士学位呢。

我原先的目标只是拿个结业证书，而要拿学位，就必须完成包括ESL最高级在内的公共课程，ESL最高级，也就是我在黛博拉班上和越南男同学竞争赢了的那个ESL100。

当时想到自己这高不成低不就的英语水平，学个ESL也不该是什么问题，就不假思索地答应了他去学校参加英语水平考试。我这边一点头，狗哥马上帮我网上敲定，考试时间定在两天后的周六早上。

考出来的成绩还不错，直接读最高级！一得意，根本把托福甩印度洋了。

答应他去读ESL100其实还有个很重要的原因，就是ESL100是高级学术写作培训，我希望系统地接受一下这方面的训练；而且，它的学分是4.5，很划得来。

读完第一学期去向学校选课指导咨询时才知道，我其实根本不用读ESL，因为我在国内已经有了学士学位，而且已经在美国权威认证机构认证了，所以可以免修所有公共课而直接读专业课拿学位了（要拿学位的话必须修满60个学分的公共课课程）。这样可省一大笔钱和时间。

不过，我只在社区大学上了一年，越走越上轨道的校园学习让我心底的梦想重新浮现出来，这个梦想就是：在世界心理学研究最前沿的美国学习心理学。当初他们不接受我读本科第二学位，现在我要卷土重来，报考心理学硕士。

所以，我最终没有拿到只差三科就能得到的副学士学位，离开了我的“美国母校”，开始申请州立大学的硕士。

相关话题，以后还会说。

最后得瑟几句猫姐让青春撞了腰的两件小事，重返校园就是好哇，背着书包走在学校路上，老猫感觉立马年轻了20岁。

第一天放学后和小妞在校园逛，一个棕发瘦削的小伙子走过来对我说：“你的裤子真酷，你穿着很漂亮。”

哈，我那条不规则条纹紧身裤，黑白主色间插黄红绿蓝，已经赢得很多次这样的夸奖啦。我穿着它去游乐场的鬼屋玩时，后面的人居然没被鬼吓疯，倒被我的裤子迷晕，出门分手前猛夸它，并打听在哪里买的。

小妞一个上学期和她同班这学期和我同班的越南同学汉娜，听说我是小妞妈妈后，惊呼：“不是真的吧？那个叫Jessi的女生？我看她最多二十六七岁啊！”

小妞说：“真是我妈……我回家告诉她，她会得意死的。”

有天放学后我们去卫生间，遇到汉娜和她的一个朋友，也认识小妞。汉娜斜瞥我一眼，神秘地对那女孩说：“桑妮的妈妈。”

那边果然惊呼：“真的？没有开玩笑吧？”

哈哈，老猫终于在校园焕发了一次青春，做了一次伪青年。

狗哥在我第一天去学校时就“一本正经”地叮嘱我：“好好享受学校和知识啊，老婆。不过记住，眼睛要多看教授和书本，别老往人家小帅哥身上溜啊！”

## 美国校园，悲喜交加抢车位

美国大学里尤其是社区大学，学生们大多自己开车去学校，很少几个人同拼一辆车，所以上课高峰期校园内各个停车场都车满为患。

吸取了第一天的教训，第二次课我们提前了10分钟，早上8点就出门了，谁料又一次遭遇停车位磨难。早起的鸟儿真不少啊。

这次抢车位比起第一次，戏剧化喜剧化得多。

进入学校最北端两个相连的停车场（离我们今天上课的教学楼近），小妞看见几辆停在外场的车，有点担心地说："不会没车位了吧？怎么都等在这里啊？"

我信心十足地回答："没事，这些是想等早7点半开始的第一节课下了离开的车，他们不想往里走而已，我见过无数次了。"

结果一进入内场信心就被啪啪两个耳刮子打倒，一身的毛刷地立了起来：似乎里面也满了啊！

提心吊胆绕了一圈，可怜悬着的心就愣回不了原来的位子：真的没有空位了……

今天奇了。

于是重操旧业，熟门熟路在里外车场开始兜圈子，希望碰到有下课离开的捡个便宜。

那时已经是9点差一刻，一般来说第一节课已经下了。

绕了一会儿把车停在外场路边等——因为来得早、赶第一节课的人不会舍近求远开到里面去，所以在这里等胜算多。

不过形势不容乐观，每两边车位之间的路上都停有几辆和我一样心怀鬼胎的车子。就看大家的运气和抢功了。

还差5分钟上课。后面、远处都有车子发动离开了，我们周围的车完全没有动静，我忍不住又开始慢慢滑行，试着到处碰碰。

刚拐过弯进入一条车道，看到前面右边有个男人打开了车门，也不知道他是要走还是只是进去拿点东西。Anyway（不管了），赶紧加油追过去在离他二三辆车距离的地方等着。

这时候，从我们对面左边拐进来一辆车，车里的白女人显然也看见了坐在车里的帅哥，于是在另一端离开他二三辆车的地方也踩了刹车候着。

我一看，说话带出哭腔了："这个浑蛋肯定抢了我的车位！"

小妞问缘由，我给她解释：因为要离开的车子必须左转，也就是向我这个方向开出去（这辆车的车头朝前），我不得不停在原地等他超过我，而对面那辆车就可以乘机先钻进去了。

果不其然，白女人得胜！

我长叹一口气，眼睁睁看着那"不要脸"的把车停好，钻出车门，凯旋将军般从我们旁边走过，脸上分明挂着一丝无法掩饰的胜利的笑。虽然她确实使劲忍着，我和小妞都看出了那抑制不住上扬的嘴角和脸上想笑却又硬憋着的滑稽表情。

我俩控制不住同时爆发：哇哈哈哈哈哈哈！

爆笑完了我想大哭：马上就要上课了啊！

硬着头皮继续向内寻找，一路上看见走在路上的人，我和小妞都要伸头大声问："劳驾，你要走吗？"——一直以来，都是老猫我趾高气扬走在车车们中间，别人殷殷切询问我来着。

得到的回答都惊人相似："No, sorry."

终于，再一次拐进一条车道巡视时，看见一个男生在我们前面心不在焉晃荡着，手里似乎拿着车钥匙。

这次也不问了，不紧不慢跟在他屁股后面看他要干什么。

果然他打开车门窜进去坐着。

我喜得心里怦怦直跳！谁知人算不如天算，这时候惊人相同的一幕上演了：一位墨西哥大叔从我的对面左边开过来，看见男生上车后，也停下来赖着不走了。我们的位置正好和刚才一模一样！今天运气太背啊！

那一刻，我沮丧得真几乎要老泪纵横了：这次再得不到这个车位，我干脆回家算了！

因为这个时间全校园的车位都一样紧张了，下不了车怎么上课啊！反正教授允许3次不用说明原因的缺课而不影响成绩，且今天只有一门课。小妞因为教授有事的缘故，要10点半才开始上课，她不急。

车里的小哥哥开始发动了，惊喜的事情也发生了——他屁股冲着我的对面倒出来（这辆车的车头朝里），这样就挡住了对面墨西哥大叔，而给了中国大妈的车一个机会。

我开心得手舞足蹈，直想甩那小子一个大大的飞吻。

他是故意那么做的，以让我们得到那个车位，因为这样做他必须多绕一圈才能出车场。

他也许注意到了我们先来，也理解我们的苦衷，很可能他自己就遇到过这样的麻烦，才有意保护了我们应得的权利。

虽然最终是迟到了几分钟，不过心情却相当不错。我那天穿了新买的高跟鞋和紧身裤似乎就是为了迟到的——想象一下拖着大公文拉杆包在全班齐刷刷的注视下风情万种扭进教室的老猫吧。哈哈。

谁知，得意太早，第二学期，即春季学期的第一天，又经历了一次找车位的磨难，被折腾得差点发疯，还哭了一鼻子。

因为小妞磨蹭了一下，我们早上出门稍晚了大概10分钟，进入学校时她快要迟到了。我要去的停车场经过她的教学楼，所以她一叠声要求我："在这里停，在这里停一下，我下车！"

我抬头环顾周围形势，哪敢说停就停呀。结果还真好运，想什么就来什么：前面迎头一牌子写着Parking Anytime（任何时间都可以停车），我马上减速并停下来让她下了。

不过，继续往前开时有种直觉感觉不对，下一个相同牌子出现时仔细看了一眼。

天呀！人家明明写的是NO Parking Anytime（任何时间都不可停车），那个NO是在左上角一个方框里，比下面几个字都大，Parking Anytime被放到第二排，人家可是强调了的哇！……

你看到的总是你潜意识里希望看到的，而很多时候并不是真实存在的。事实证明绝对没错啊！

丢下小妞之后我继续前行。根据杰夫拿着地图告诉我的，《儿童发展心理学》课的教学楼——“儿童发展中心楼”不远了。

在一个估计是对的停车场找个车位停稳之后，拖着我装了4本至少共20磅重的大拉杆箱向左边走去，路上拦住一位同学一问，果然，10多米之外那栋教学楼就是。

推开大大的玻璃门进去，沿着边上是柱子、中间是花园的走廊走了一段，看见好几间屋子，里面堆满了各类大小型玩具器材，墙上贴满了色彩鲜艳可爱的图画，心想真不愧是儿童发展中心。

后来听教授介绍，那其实是Day-care Center（日托幼儿园），里面主要是学生的孩子们，既方便了上课的爸爸妈妈，也给我们提供了实习的条件。我们的活动之一就是去和孩子们接触，观察他们。

教室在二楼，沿着弯曲的室外楼梯走上去，很容易地找到了教室。宽大明亮，设备齐全，中间分两排放着6张大圆桌，同学们五六个一组围坐成一圈，两边各一排单独的座椅，其前面是专给残疾学生或者大胖子坐的特殊座椅。

教授教这门课已经32年了，经验丰富，看起来也很有爱心。她问了一些问题，其中两个是这样：不考虑你是否已婚，如果你现在可以选择的话：

1. 多少人愿意娶/嫁给一个年龄比自己大的人？

很多女生和几个男生举手了。

2. 多少人愿意娶/嫁给一个比自己个子高的人？

这次举手的全是女生，没有一个男生。

我暗笑：这点老美和俺们中国人差不多嘛。

我是只要有机会就抢第一排位子的，今天又一次顺利得手。因为是教授要求我们举手之后环顾整个教室，看看其他人的选项，所以我看见了上面的结果。

10点钟，教授宣布今天的课到此，留给大家足够时间去找另一门课的教室。正常是9点上到10点半，但一般教授都会提前10分钟左右结束，给大家时间去继续另一处的其他课。

到目前为止，一切都很顺利，我的心情很愉快。

下一节课，是“人类性行为”，中午12点开始。

看看表还有差不多两小时，有一大把时间去食堂吃饭和找教室。早上因为不饿，一直没有吃东西呢。

老猫脚步轻快地跨进大吉普，发动车子开出校园来到大路上，准备从学校另一入口进去停车，食堂和第二节课都在那附近。谁知这一“无知举动”给自己带来了大大的麻烦，差点上不成中午的课。

出校门，左转，驶过整个校园前面草坪，绿灯处再左转进入校区。第一个停车场有点小，满了。继续前行到第二个很大的。一拐进去就感到不妙，放眼一望满满当当，好几辆车正在其中慢慢滑行，那架势一看就是在寻找、等待车位。

找车位噩梦就此又拉开了序幕。

不过刚开始还不是很急，因为那时才10点过，离上课还有一个多小时呢。

整个大停车场旁边还有一个大的，我里里外外绕了六七圈也没有找到一个空位。周围来来往往都是和我有着同样目的的战友们……

接下来的时间，我把学校大大小小八九个停车场平均每个绕了3圈。回到我让出的车位，早被抢占；上学期的老根据地——室内那个，我跟着同样找寻车位的大队伍从1楼找到7楼，再从7楼回到1楼，又从1楼到7楼，7楼到1楼，沮丧地发现……我被困在车里了，偌大的校园没有一个地方可以停下车来，连收费的车位也全部满了。唯一有空位的是：残疾人车位、职工车位和30分钟临时停车位。而这些我都不能用。

时间已经过去一个多小时了，按下有些焦躁的心不说，一件打头的事是，我早上没吃早餐，只喝了一杯水，现在是又饿又……想上厕所！

非常饿，非常想去厕所！

我心一横，把车开向操场边大停车场教师停车位前面的小屋子，想请里面的老头开恩让我停两小时。结果当然可想而知。

人家倒是非常同情，但仍然坚决而友好地建议："我没有办法让你在这里停，这个时间整个校区都不太可能有空位了，你最好开到校外找个地方停了回来吧。"

"校外？"我嘀咕着慢慢回到早上那个地方，抱一丝幻想：也许有人离开了。校外确实有个麦当劳也许可以停，但是那么多找不到位子的人也许早就把那里也占满了，现在是11点20了，如果我大老远开出校外发现麦当劳也不可用……

绕了一圈，还是车满为患。又饿又内急又担心迟到但仍被困在车内的我，连新课的教室在哪里都还不知道！

实在忍不住拨了杰夫的电话，刚说两句就带上了哭腔，紧接着泪水滚滚决堤，又气又急又委屈地爆发了。

这第二学期的第一天，结结实实成为我到美国近两年最为沮丧的一天。上学期的教室相对集中，没有经历过这样上了一节课需要到较远的另一处的事，所以才无知地移动了车子。

不过马上就止住了，因为知道杰夫纵是千般心疼也只能万般无奈；我纵是气死急死也只能静下心来想法解决。边破涕为笑（那一刻自己也觉得好笑）对杰夫说“别担心”，边下了个决心：不管了，就停在职工车位！

放眼看了看，有七八个空位，且时间已经是11点40了，该来上12点课的教授应该都来了，没有课的教授万一来迟到了活该他自己也去转转玩吧，我再不下车绝对赶不上上课了。吃饭，是不可能了，只求赶快找到教室，然后上个厕所。

下得车来，抱着我的一堆课本、小包和饭盒、纸盒，里面装的是早上带的沙拉和蛋糕，因为没有时间吃，准备拿去扔了。

正急匆匆往外走，看见一个小伙子走进来站到旁边的学生停车处一辆车后面，本急着赶路不想理睬了的，想一想还是转身折回问道：“劳驾，你是要走吗？”

他点头：“是。”

我长出一口气：“太好了，我要你的车位，找了一上午我快疯了！”

他笑了：“没问题，这里是你的了！”

我道着谢飞快走回大吉普前，手里满满的，钥匙也忘记提早掏出来了，只好把一堆东西往地上啪啦一扔，拿出钥匙按开车门，再哗啦搂上那堆宝贝摔到副驾驶座上，发动起来往后倒。

好心的小伙子一直站在路上等着我，看见我车动了他才跑进自己的车开出来，否则很可能发生他刚出来就被另一辆车插进去的事。

我摇下玻璃开心地大喊："谢谢你！"他微笑着招招手一溜烟跑远了。

等我丢完了饭盒、纸盒、蛋糕、沙拉，用完了卫生间，七弯八拐终于找到教室，已经迟到5分钟了。

推开教室的门，居然是一条走廊，灯光幽暗，走廊尽头有嘈杂的人声和音乐，我狐疑地走进去一看，立马惊倒！

这是一个大礼堂，有电影院一个放映室那么大，一级级上升的阶梯座位上满满当当地坐着近300个学生。教授站在前台电脑边正在摆弄，做开讲前的准备。

巨大的屏幕上幻灯片依次滑过，欢快的音乐欢快地飘荡。

我一边暗暗惊叫："卖糕的"！一边抬脚往上往后走去，走到最后一排倒数第三个空椅上坐下。那是唯一的一个空椅，后来的只能坐到走道上。看来这"性"确实非常吸引人啊！

坐定后，老猫居高临下地抬起猫眼前后左右上下一扫，汗刷地下来了：匆匆忙忙中忘记拿眼镜了……

大大的教室里灯光昏暗，人影模糊，没戴眼镜的老猫目光短浅，意境那叫一个朦胧啊。

教授开始讲课了，我的心又吧的一紧：他的嗓音怎么跟破了声带似的，呜呜噜噜含含糊糊，听得我下意识老想吭吭地清理嗓子。好在后来弄清那只是暂时的，因为他感冒了。

就这样，瞎眯眯的老猫极力瞪大茫然的眼睛，伸长无助的耳朵追随着教授戴维斯。

幸好瞎得不算太厉害，总算基本看清了屏幕上他演示的是什么；幸好听力还将就，总算基本听清了他讲的是什么。

他说："Welcome to *Human Sexuality*. This is the only class where two days a week we have sex（欢迎来到人类性行为课堂，这是这个校园里唯一能让我们可以一周有两次性的地方）。"

全班哄堂大笑。Have sex，可以理解为和"性"有关的活动（例如学习它），也可以理解为那项著名的床上运动本身。

他接着说，希望你们认真学习它，这是一门严肃的学科，也是一门重要的学科，否则在学期结束时，被你的朋友发现"that you have failed sex"（在"性"这事儿上失败——这里他又一次幽默地偷换了概念）是非常humiliating（丢脸）的。大家再次狂笑。

可以预见，这是一门很有意思的课，但也是一门非常难的课，大量的相关部位生理结构术语/生词，很多心理/生理论述，希望老猫我不会丢脸地fail sex。

但是，有一瞬一不留神，又听见全场哄堂大笑，可怜的老猫在暗中无措地环顾：笑什么呢，笑什么呢？他说了啥呀？

再次意识到，不是母语就没有资格分神，就一定要保持12万分的警惕！

而再次经历的教训则是：从今以后，不管哪个时间段，不管在哪个校园，我都不会想当然的以为车位好找了。宁愿提前早到，坐在车里看书等待，也不要这样狼狈了。

因此，我后来的下半年社区大学，以及两年州立大学硕士学习期间，再没有出现过被车位折磨的故事。

最后说一下初到美国独自开车上课时最受触动的一件事。每天早上在进学校前的路上都会有一个长长的车队，在左转道上缓慢滑行或者静静等待绿灯亮起。几乎每辆车窗前或后视镜上都挂有一条橘红色停车牌，那是我的校友们。每天这些几乎同一时间段到达的上百辆车，非常安静，从未见过争吵，从未听过喇叭，从未有过杂乱的堵塞。大家都耐心而有序。

## 路途有你不孤单

开学半学期后，几门功课都要期中考了。要看的书，要完成的作业，要查的资料，啪啪啪啪板砖一样被教授们拍在我的脑门上，不带同情和手软。

有一天下午，复习了几小时数学后，我到院子里找到在遮阳伞下看书的杰夫，让他伸出一条腿弄成90度，搭好椅子让我坐上去趴在他肩膀上小小眯一会儿。当我坐在他的“狗腿椅”上休息被银行利息、贷款类型、还款日期、利率、运货方式付款、折扣计算方式以及各种公式、计算方法等弄得五花八门五彩缤纷五迷三道几近分崩离析的大脑时，有只在书架上拼命挣扎的猫咪一下显现在眼前，我清楚地看见了自己和他一起在书本中“奋力挣扎”的身影。

那是2006年在北京时，有一次下班后出了地铁走在天通苑附近，又累又渴的我走进一家冷饮店去买饮料雪糕，看见冰柜上有只花猫，毛色和我初到北京时买的一只小猫咪差不多。见我走过去赶快往后面的架子上逃，前爪搭过去了放在小孩的一沓画报上，后爪还在冰柜上，直立着僵在那里。我看它那样子太可乐，就伸手挠它肚皮，它着急地乱抓想跑，结果因为书是滑的，噼里啪啦弄掉了好几本还是没有抓稳，后爪悬在下面拼命挣扎着乱挠，十分狼狈。

我忍不住扑哧一声笑了。

杰夫问：“老婆怎么啦？”

我告诉他那个故事，说：“你老婆现在完全就像一只在书间拼命折腾的老猫。”

他听完也笑了：“可怜的猫咪，来，给你个爱心魔力之吻吧。6个月后你回过头去，会看到自己惊人的进步，会觉得现在的挣扎很值得。”

哎，也是，那只猫咪最终给自己找到好地方站稳了，希望我也和它一样！

虽然在一个不熟悉的教学系统里用外语学习非常艰难，但是，每天早上开车带小妞一起去上学，一起匆匆走向教室，一起慢慢逛向书店，一起去食堂买饭，一起在校园闲逛，谈学习，谈生活，谈爱情，像一对最好的朋友，分享生活里的一切。这样的日子，也别有滋味。从未想过，有一天我和女儿会成为同学。这是多么特别而值得庆祝的经历！

第一学期开学前，杰夫周末花时间带我去学校，熟悉它的各个部分。不厌其烦反复在几个停车场间绕来绕去，只为让我一再比较每个停车场的优劣，以做出最好的决定；不管是数学还是英文，只要我有问题，他总是耐心地、细致地给我讲解，直到我完全掌握……

想到所有这些，心里暖暖的，很快乐。有女儿的陪伴，有老公的宠爱，有和同学在一起的快乐，有教授的耐心帮助，确实没有感到心烦或者压力大，心情一直比较愉快放松。

记得第二学期第一次文献查询课下课后，我和几位同学按照教授的要求完成课后作业tour，目的是熟悉图书馆结构和使用方法。后来因下课后来找到我的小妞说她饿了，我就陪她一起先去食堂吃饭。她下午也有这门课，作业肯定一样，所以我们决定第二天上午放学后一起去完成。

吃完饭，小妞陪我走到停车场，然后我开车回家。

我慢慢绕出校区，绕出市中心，冲上高速，在8月加州有些清凉的阳光下飞奔。

前面一辆车上，男人和大狗并排而坐，不知道是不是男人在对狗狗说些什么，狗狗没有伸头出窗，而是专注而热切地看着开车的男人。片刻，我看见男人伸手抚摸狗狗的头。马上肯定，他们一定是在交流。

心里一下如窗外的阳光，缠绵柔软。路途有你的陪伴，我一点也不孤单。

## 在美国读大学很辛苦，但不痛苦

去图书馆使用投币自动复印机打印一些书籍资料，快到时才沮丧地发现装硬币和零钞的小袋子忘在车上了，就走回去拿。

当我开了车门伸手和脑袋进去抓袋子时，一女士边从我车后飘过边大声说：“I like your sticker says ‘Girls Kick Ass’[①]（我喜欢你‘女孩必赢’的贴纸）。”

我赶紧直腰伸头对她回吼一句：“Oh，really? I like it，too（是吗？我也喜欢呢）！”贴纸是我和杰夫看纳斯卡赛车时，停车场一个为赛车运动筹款的男人卖给我们的。20美元买了两顶棒球帽和两张贴纸。我的就是这张“Girls Kick Ass”，杰夫的是美国国旗。

那家伙，和我差不多年纪，不知道是教授还是学生，说那话时头都不带扭一下的。很多美国人都这做派，对迎面走过的陌生人，他们会主动打个招呼或者评价一下你拿着或穿戴着的某样有趣的东西，但很多时候只是边说边继续往前走，并不专门停下来说。所以刚开始有时候会愣一下，不知道他们和谁说话，扭头环顾一下发现周围没有其他人，这才知道是和自己说，想回答一声，可转过头，人家早成“天边的云”了。

复印好资料，去咨询中心见我事先约好的顾问罗斯·玛丽女士，这次交谈对我非常有价值，大有帮助。

① kick ass的意思是战胜他，赢他。

这个学校的咨询顾问们都是非常棒的专家，可以最大限度地为学生在选课、定专业/转专业、转学分到4年制大学甚至未来职业规划等方面给予帮助，让学生不走或少走弯路，以最佳速度和状态到达自己的目的地。

我带去了7月26日杰夫请假陪我在学校考试、咨询顾问时得到的两份商业课程资料，还有另一份杰夫从学校网上打印下来的心理学课程资料。

她看了资料并听了我的陈述后说："根据你在中国的学历和相关评估结果，以及你表现出来的兴趣，我建议你做两件事：

1. 把你的学位证书及成绩的评估结果送一份到本校录取中心，换成有效学分。下学期可能只需要再完成1～3门课程就可以拿到（副学士）学位；

2. 联系州立大学，去申请他们的心理学硕士。

这才知道我的本科学位可以帮我免去包括ESL100在内，共60个学分的公共课；而很巧的是，那段时间一直有和州立大学联系，申请心理学硕士的想法，本来准备同时咨询一下申请硕士的可能性，结果我还没有提呢，她主动说出来了。不能不承认他们真的很专业，也真的完全为学生着想。

在大学学习，用得最多最实用的技能就是写作，写各种各样的报告、论文，因为它们最能体现出你对所学知识的综合理解和掌握程度，因此，Library Research（文献查询，我和小妞都选了此门课，简称叫LIR10）是很重要的一门课，这是在美国大学学习的基础技能。

为了完成第二次LIR10作业，我在图书馆泡了5个半小时。

图书馆是开放式的，由我们自己去寻找取用所需书籍和其他参考资料。初到美国的我们，想在这栋4层楼的图书馆找到自己需要的资料，无疑大海捞针。好在学校图书馆里的所有管理员们都是经过训练的高手，不仅能帮助初学此课的我们找到一些有用的参考书籍，还能在完成作业方面给出很好很负责的建议，并不怕麻烦地协助我们查询作业必用的相关资料。这点和国内完全不同，我对此既感叹又感动。

图书馆设施齐全，每层楼都除了各种书籍，还有台式电脑和可借用的手提电脑、书桌椅、长短沙发、小卖部、咖啡厅、卫生间、独立学习讨论室、饮用水……这里是全校最舒适的地方，靠窗小小的单人沙发和茶几让你感觉就是家的一角，有时候中午吃完饭后，我会蜷缩在里面休息一下，眯上小小一觉，为下午的课养精蓄锐。

除了在图书馆里能得到很多帮助外，学校还有其他免费帮助，例如有journal，essay（学术论文）写作的指导和修改；有对外国学生ESL学习的帮助……只要到指定地方写上你的名字和时间，很快就会有人联系你，给你指导，费用由学校出，自己不用掏一文。

回家后需要做的作业虽然多，但都是需要思考，需要用心，需要创造的。努力完成后，真正学到了知识，学会了方法和思考，所以很有成就感。

在美国大学读书，靠的全是自觉。教授们认为你是成年人，完全有能力把握自己的生活，自己的未来，知道什么该做什么不该做。所以很多时候布置了家庭作业并不收上去检查，因此要想偷懒也很容易。不过最终要想拿到好学分，得到毕业证也不太可能，因为最终的考试或论文还得靠真功夫。

这里学校上课是启发式，没有标准答案。教授/老师们提问都是富于启发性创造性的，很多问题只要学生能说出自己的理由，就是对的。因为大家都知道，解决问题不止有一个方法，通往罗马的路不是只有一条，所以学生从不惧怕开口表达，在老师面前也没有压抑感，以及自卑和惧怕心理。

我的ESL100课教授黛博拉几次在我们讨论、争论斯坦贝克的小说里的一些问题后，都会说："啊，我觉得你们说的都有道理，因为我也不知道答案，我没有机会问过斯坦贝克。"我们胜利地大笑。

课堂上学生可以随时打断讲得兴致勃勃的教授，发言或提问，教授总是认真倾听然后给予回答或者往下启发；如果提的问题或发言戳中了他/她的"七寸"，也许还会兴奋地走到你面前伸手和你击个Five（High5）[①]来庆贺。

所以我的感觉是，在美国读大学很累但是很充实，很辛苦但是不痛苦，有成就感和满足感。而且只要你需要，就可以得到耐心的帮助和指点，最终顺利完成学业，真正学到东西。

---

① 这是美国人表达庆祝和祝贺时的手势。

## 选课惊魂，生死时速——别忘了教授也要选

第一学期快结束时，有天早上去学校前，杰夫把我选好的下学期课程和代码打印出来，递给我说："老婆，你带着这个到学校找时间上网注册，（为了保险）我也带一份去办公室，有空的话就帮你弄了。"呃，对了，那天是我作为全日制学生可以优先注册的日子，有效时间是上午9点到11点。

忘不了上学期作为新生只能在所有其他全日制学生（一学期修满12个学分的为全日制学生）挑选完后，艰难地在人家挑剩下的时间段、教授和课程里pick（挑选）的痛苦。这次好了，老猫也有优先权了，去年辛苦学的12个学分也不是白折腾的。

10点半下了课再去图书馆电脑上弄肯定来不及。好在前一天讨论本学期最后一篇论文的三个话题时，我选了很多人不愿意做，黛博拉也承认是最难的那个。所以她说："明天我第一个帮你。"

这次论文，她故意选了一个超出我们目前等级要求的类型，为很多人下学期上English 1A做准备。上过她课的都说她是个非常严格又很有方法的好教授，她的学生进入1A后会比其他学生学得容易得多。还好周三的课都是在电脑教室，这让我安心了许多。

一般在电脑教室上课时，黛博拉主要让我们自己构思、修改论文。如果我们有问题需要问她，就到黑板上写下自己的名字，她看着名字满教室窜跳着帮我们解答疑难。

今天她第一个到我座位旁看了我的大纲，觉得不错，只大概提了

一些改进建议，又去忙别的同学了。

我却顾不得再接着弄那篇论文，因为上课前分别和黛博拉及其他同学说到我下学期选的3门心理学课程，没想到个个都说太多！因为会要求写很多big research paper（需要查阅大量参考资料的论文），读很多参考书。这才让老猫想起一件要命的事：忘记查看老生对教授的评语了，这对于要选3门极难课程的我太重要了！赶紧Google到“ratemyprofessor.com（评定我的教授网站——来美国读书的同学们一定要记住这个网站）”，输入学校名字，再登上自己的学校网页，查看已预选的三门课教授名字。

OMG！不看不知道，一看吓死猫！我所选的三门课没有一门教授得到好评！其中两门课为同一个教授。不是所有教这三门课的教授都不好，而是在我选定的时间段内的这三门课的教授不好。但是其他时间段的，一个课程已经满员了，另一个是在本校另一分部，离家远。

这下急眼也傻眼啦。现在能做的，只能紧急换课！

赶紧打开网页登录查看其他时间和其他教授……

这时候黛博拉叫我了，要我把我自己的大纲给她，她用来向其他尚糊涂的同学讲解结构。我又火烧眉毛地跳起来给她送去。

几分钟之后，她又急切地呼唤：“Jessi……”

我赖在座位上更急切地抵抗着：“额，我正忙着呢。”

因为正忙着飞速阅读其他相关教授的评语，同时琢磨时间上怎么相互错开的问题。

可是，我知道她们正等着我的大纲，只好一把抓起再一次冲向黛博拉，马上又火烧眉毛跑回来。

为什么我如此焦急？因为很奇怪而又可恶的是，这个教室里的电脑全是老时间[①]，就是说，我9点半发现选课出了问题时，电脑里已经是10点半了。半小时内我必须决定和调整好要选的课程、时间以及教授！而且，我突然想起另一个要命的情况，也许杰夫已经在公司帮我按原计划注册了！必须马上打电话给他，叫他住手！！

掏出手机匆匆跑出教室，拨了杰夫手机，他没有接；又赶快拨通他办公室电话，响了两声，屏幕显示有另一个电话进来，是他的，赶紧按键和他说。

果然，他已经爪起刀落，为老婆砍出那条路了。可是方向错了啊，我的BB心跳狗哥哥[②]……

我对他说，没有时间和你多说了，晚上回家告诉你详细。

挂了电话十万火急再次蹿回教室，马上drop（取消）掉杰夫已经帮我注册了的课程。

同学玛利亚、汉娜和爱丰都赶来帮我，可是没有用，人越多越麻烦。

我简直不愿去回想当时是如何满头大汗在几个网页间紧急穿梭来往，飞速浏览重选课程说明，确定三门课的时间（不和其他两门课的时间冲突），查看对教授的评语……总之，我最终抢在那破电脑显示的11点前完成了注册！

① 美国一直实行夏令时，所以春秋季会更改时间。

② 他自己发明的中文甜称：BB心跳狗。

我原来选定的三门课是《人格心理学》《变态心理学》和《儿童青少年发展心理学》。最终改成：《儿童发展心理学》《婚姻与家庭心理学》和《人类性行为心理学》，除了《儿童发展心理学》和我原来所选课程相关，其他两门都是临时决定。

对最后选定的这3门课（共10个学分），我十分满意。后来一直揪着心的狗哥再次打电话向我询问情况，他听了也很满意。

昨天去医院常规体检，医生和我聊天，听说我此学期两个A一个B成绩后，非常惊讶地说，“SRJC（我学校的简称）是全国要求最严格的社区大学，它的一些课程比4年制的加州大学系列学校的有些课程还好。能拿到这个成绩真不容易，你很棒！恭喜呀！”

## 关键看你怎么想——心态决定人生

我不爱喝牛奶，杰夫却离不开，每天早上喝咖啡必加牛奶。所以有时候牛奶没有了我也注意不到，他就自己下班路上顺便去买。昨天下午收到杰夫短信："我在超市买牛奶。想要点什么吗？"我回："买点你自己要吃的肉吧（我很少吃肉），冰箱里没有了。哦，再给我买点面条。"发出后想想，又补充了一句："算了，如果不知道面条在哪里就别买了，家里还有些。哪天我买菜时顺便买吧。"人家以完全不在话下的气势甩给我一个字："Easy（太简单了）。"（用中文一个字还真无法表达那种气势呢）

大约半小时后，面条和牛奶都回来了。当然，狗哥也回来了，神气活现地站在车库和洗衣房相接的前门大喊："老婆，我们到家了！"然后稀里哗啦把一堆装着牛奶、面条和其他东西的购物袋丢在门口。等着我赏他一个kiss之后，转身回到车后再拿其他东西出来。

弯腰扒拉开袋子一看，好家伙，买了4袋"面条"呢！我想要的那种直干面只有两袋，另有一袋干米粉，一袋广东产的裹成团的鸡蛋面。我笑着摇了摇头，心想："好吧，反正是干的坏不了，我可以在吃喜欢的那种面之间穿插着吃些鸡蛋面，嗯，用来煮汤面也许还是不错的。"我比较爱吃干拌面条，而那种鸡蛋面已经碎了一些在袋子里了（不是因为质量问题，而是装袋的方式造成的），用它吃干拌面显然不行。

我高高兴兴拎起袋子进屋，一会儿他进来后我又亲了他一次，谢谢他给我买了这么多不同的面条。他开心地说："你喜欢就好！"

有网友问我："你的微博充满感恩与幸福，满满的正能量。你有过情绪很糟糕的时候吗？一般会怎么调节？"

那时我正在为下班晚归的杰夫准备晚饭，等待的间隙抓起iPad翻了一下看见这问题，匆匆回答："有啊，读硕那两年，时喜时悲，压力超大。我一般就是接受，不抵抗不抱怨，知道它们是暂时的，所以不绝望。要么大哭一场，要么去院子里弄下花草蔬果，要么开车出去太平洋边看海。"

现在稍微详细说几句。没有哪个人的生活是一帆风顺完全无忧的，我也不例外。但说实话，我的烦恼和不快确实不多，并不是我有意在博客或者微博摆出一副快乐的假面来自我安慰或欺骗别人。

当然，不开心的时候肯定是有的。我在博客上写过好几次，我对杰夫生气，我在课堂上和家里哭，我与邻居的第一次见面狼狈万分……这些事，大多发生在我读硕期间。那段时间，我的生活里，压力和快乐各占一半，肩头压着重担的我会经常想哭、想喊、想跳。但同时我也知道，坚持完两年就好了。自己选的路，就不要抱怨难走。幸运的是，每一次痛苦的阅读和写作都会带来成长的欣喜，给我带来抵抗下一次情绪低潮的力量。而我自己，也主动做一些事去转移压力和焦虑，如上面说的，要么大哭一场；要么去院子里侍弄一两小时的花草蔬果；要么开车去太平洋边坐一坐，看看浪花，看看渐近线，看看海鸥。

坦率地说，以前在国内时，虽然总体说我是天性比较乐观的人，但烦恼确实是不少的。至少三分之一醒着的时间我是不快乐、郁闷或内心挣扎着的。而现在，生活中的烦恼缩减到不到十分之一。大多数时候我是快乐开心的。杰夫每天中午给我发短信会问："早上过得怎么样啊？"晚上临睡前他会再问一次："亲爱的，今天开心吗？"绝大多数时候我都想不出有什么烦闷的事。

仔细想了想，觉得应该是心态和视角不同造成的。就像上面那件事，如果我心态不一样，就会沮丧："他买的这是什么啊？我吃了这么久的面条，他都不知道哪种是我喜欢的？这鸡蛋面碎成这样，捞都捞不出来还怎么吃？……"然后垮着脸责问他说："这面都碎了你没有看见吗？而且我从没买过这种你不知道吗？你和我一起买过多少次面了为什么还不知道我要哪种？"结果会怎么样呢？他肯定也很沮丧，结果大家就不欢而散。他本来是好心地怀着对我的爱买了几种，让我换着花样吃，而我却弄得他郁闷，自己也添堵。本该快乐甜蜜的一晚上就这样被毁了。所以关键是你怎么看，怎么想啦。

生活中不愉快的事时有发生，就像昨天晚上，我给杰夫烤培根、土豆和菜园里的南瓜做晚餐，一不小心烫了手臂。那时他刚好买了面条回家，在门口大呼小叫，我也没来得及做任何处理。稍晚时候鼓出一条大水泡，火辣辣地痛，痛还是小事，明天就要开始一个为期三天的活动，很多重要人物和新朋友要见，手上这条疤痕既难看又难堪。如果心态不好的话，肯定要抱怨狗哥，抱怨自己，抱怨老天。不过俺没有，只在狗哥吃饭时伸到他嘴前要求吹吹，人家不仅吹了，还非常小心翼翼地舔了一下表示心疼和安慰。

## 收到州立大学硕士录取通知书，梦想启程

2011年4月2日我生日那天，风和日丽，阳光晴好，加州的蓝天格外清澈。杰夫买了我心仪的礼物和搞笑贺卡，预订了美味生日晚宴，带我和小妞去旧金山动物园疯玩了一天。开心而精疲力尽回到家后，我倒在沙发上闭目养神，为下一个节目——生日晚餐——养精蓄锐。杰夫出去取了邮件回来，走到我面前，伸手拧亮旁边的落地灯，正奇怪他发什么疯，莫名其妙来打扰我休息，这绝不是他一贯的作风。他含笑递过两张纸片，我疑惑地接过来，扫了一眼发信人栏，是我申请心理学硕士的州立大学寄来的，刚看完第一句话“恭喜！……”就控制不住尖叫起来。

他激动地俯下身来用力吻我：“甜心，祝贺你！实在太为你骄傲了！”这份特殊的生日礼物——州立大学硕士录取通知书，是上天对我一直坚持和努力的奖赏与鼓励，我心里充满了感激！

最初一小时左右的兴奋和欣喜，在餐馆里吃着生日晚餐时，逐渐散去，随之而来的是一股巨大的压力。这是一个两年内必须完成的硕士项目，和其他不限时间的硕士项目不同，而且要求每门课的成绩不能低于B，否则会被“踢”出去。而心理学，可以说是留学领域里最难的学科，加上这个年龄的我，精力和记忆远不如从前，想着那大量艰深晦涩的英文著作阅读（西方宗教、神话、艺术、哲学、心理、精神以及中国古代文化里的易经道家佛家思想和古老的炼金术等）和大量的research paper（研究论文/研究报告，美国大学里最难的一

种论文格式），我甚至可以生动而清晰地看到自己抓狂的样子。正如当初签证成功时有姐妹说的，和爱人团聚、踏上美利坚土地只是开始，而不是结束，现在进入这个硕士项目也仅仅是第一步，艰苦奋斗的日子在后面。

录取通知书的后面列了5本希望我们开学前读完的书：Robert Johnson：*Inner Work*、Jung：*Man and His Symbol*、June Singer：*Boundary of the Soul*、Murray Stein：*Jung's Map of the Soul*、Campbell：*The Portable Jung*。因为只有一个月的有效阅读时间，所以教授建议我可以找找是否有中文版以便能加速阅读领会其精神。

第二天我立即开始花费大量时间和精力在网上努力寻找，包括设法询问了几位心理学前辈，结果是五本里只有一本有中文版——Jung：*Man and His Symbol*——荣格的《人及其象征》（随着每一个学期的开始和结束，我才知道，几乎所有教授要求阅读的书籍，除了一本尼采的《查拉图斯特拉如是说》，其他的，再也找不到中文版，这是后话）。以上书目只是硕士项目开始前的热身阅读，大量的、让我的美国白人同学也读哭了的，还在后面。

## 硕士申请小贴士

**说起来有些小小的感慨，曾经走过的路都是值得的，都没有白费。为这个硕士申请，我做了以下准备工作：**

**1. 认识杰夫以前去北师大完成了心理学硕士课程共11门课。州立大学要求申请者必须有心理学背景，并完成相关5门必修课。我在北**

师大都学了，且都被WES（美国三大权威学历评估机构之一）承认并认证，否则，连申请的资格都没有。在此感谢北师大给我这个学习的机会。北师大毕竟是北师大，能被WES承认确实说明它的价值。

2. 来美国后去社区大学读书并取得优异成绩，第一学期即取得4个A，2个B。因为州立大学要求3封学术界人士的推荐信，如果没有去社区大学读书，或者成绩很差，就不可能有三位教授毫不犹豫地为我写了非常棒的推荐信。

3. 把本科成绩和学位证书送到美国三大权威学历评估机构之一的ECE进行了评估认证。没有一起送WES认证是因为开始没有想到要读硕士，所以只做了本科学历评估，WES是后来因为学校要求心理学背景才做的。

为能进入这个硕士program（项目），杰夫也帮了很大的忙，请假陪我参加了宣传讲座，了解其性质、要求、程序等，然后和我一起精心准备并完成每一步：

1. 领回申请表格认真填写。

2. 付费WES和ECE取得我的学历评估原件，递交给学校（这两个机构只在第一次寄送一份原件，以后如需要，可以通知他们并交付一定费用再得到一份原件）。

3. 撰写申请essay，我的life story——我的生活经历/成长故事，以便学校评估我的心理学相关背景有多深，我的潜质有多少可以被开发，我有多少价值可以为这个program做贡献，学习完后可用它做什么，以及我对这门学科的了解和热爱程度等。

4. 提供能证明我创造力的材料和作品。美国人特别看重创造力/创新力、热情和积极的态度。

5. 面试。想起面试，我禁不住面露得意的微笑，王婆一把吧，那天的表现算得上可圈可点。3月9号下午，面对三位考官（其中一位便是该硕士项目的创建人、我后来的教授之一洛拉），我的状态出乎意料地好。一个多小时的面试，我精神饱满、充满自信、运转自如，充分展示了自己的热情机智和优势，还未出门我就预感到希望极大。最后问我有什么问题需要了解，这次我问了3个问题，其中一个是："什么时候我能知道自己是否被录取？"他们笑了，告诉我："要等三四周才能最后决定，因为我们还有很多候选人要面试。"

走出去见到等在外面的杰夫，扬扬得意告诉他：80%的可能被录取。自己的老公嘛，在他面前高调一点做人没有关系，他不会笑话我。

以上5件事，除了第一二项比较简单，后面三项就完全凭自己的资质和本事了，所以最终被录取确实是值得开心和骄傲的。不管以后能不能坚持下去，会不会因为跟不上被踢出来，至少现在容许我为自己的努力和坚韧得瑟一下吧，同时也对一直支持我帮助我的老公杰夫表示真心的感谢和深切的爱，并对一直给我力量、关心我的博客读者朋友们道一声真切的谢意和祝福。

## 这样开始了美国大学硕士学习

周四下午5点，我的心理学硕士课正式开始了。能感觉出这是一个气氛温暖、放松、随意而开放的课堂。先前的焦虑一扫而光。但是，我更清楚地看到路途的崎岖和漫长。

12个同学围坐一圈，书包水杯等丢在地上，光脚盘腿缩在宽大的扶手椅里或二郎腿高高跷起，看光碟时甚至有人舒展地趴在中间那块大地毯上。咖啡和水可以随时喝（自带），饿了可以悄悄拿出气味不大的食物静静地吃。整个课堂气氛非常自在放松，但又精力高度集中，对知识的渴求，对教授和同学们的尊重，是这群因共同兴趣而坐在一起的人们的主要态度。

教授坐在我们之间，用极为柔和的嗓音、低低的语调，娓娓如讲故事般把我们带到荣格那神秘的潜意识大门前，带到旷古原野中、森林和部落里。我们的心，自由徜徉在博大深邃的人类心灵和自然旷野中，不由自主地陶醉，并汲取丰富的营养，开始变得丰盈而充实。

没有讲课的庄严严肃感觉，有的只是指引和讨论，疑问和见解。我们聆听教授和他人，我们参与讨论和争辩。

那些言语中表现出来的情感，那些身体和姿势里散发出来的感觉，轰然敲开我心底一扇隐秘的大门。我突然泪水盈眶。我不是玩弄文字，也不是故弄玄虚。从童年我就开始对人、对自己、对梦、对内心有极大的好奇。

选择荣格，是我从童年仰望夜空里闪烁的星星，俯看阳光下奔流的河水，耳畔掠过夏日午后闷重的风声开始，一直东奔西走到处摸索之后，最终走上的正确道路。而现在，我将和与我有同样梦想的人们一起踏上寻找自我之路。班上的每个同学都做了坦诚的自我介绍：家庭背景、人生道路，为什么选择这个program（硕士项目）……每个人，都有一个属于自己的、意义深远的故事；每个人，都被他/她自己的故事带到这里，带到这个课堂。

可惜我是一个太过于感性的女人，那些充满了逻辑的、思辨的、思想深刻的、浪漫的哲学、宗教、艺术、神话等，对我的思维类型来说，确实太难了点，而这个弱点，也必然是我现在研读学习荣格深度心理学的极大障碍。我虽有其中的一些长处，更多的却是短板，急需调整和修补。

我们的课形式多样，极为丰富复杂。除了大量阅读之后的讨论，我们还做各种实践实验和艺术创作。例如其中一门课要求我们准备两个本子，一个记录我们的梦，一个记录每日在读书、听音乐、看电影……时感受到的一切触动你的思绪、文字、音响、气味……我们还需要准备一个盒子，用它收集一切“对你说话”“对你有意义”“打动你”的东西——第一天的荣格心理学运用课，教授洛拉带来几支大蜡烛和一些鲜花、雕塑、照片、小手工艺品等物品摆在教室中间的小桌子上，营造出一个令人遐想和充满艺术气息的氛围。她说，以后每次上我的这门课，每人都要轮流带一些东西来布置那张小桌子，用那些你收集来打动你，触动你，对你有“意义”、对你“说话”的东西，例如羽毛、叶片、布条、珠子、草、线等，来布置小桌子，并用它们表现内心，做自己的艺术品和面具。荣格心理学，在很大程度上，和艺术、自然和神秘有关。

例如10月14日的课程安排要求这样准备：带大小毛巾各一条，洗脸液或皂，穿舒适的旧衣服，长发用发带束起，如果有冥想CD和耳机可以带来自己用……我们作为学生知道这是上心理学课，不知道的，看这要求还以为做游戏或瑜伽呢。

每门课都有很多的书要看，有很多的paper（论文）要写，有很多的作业要完成，有很多的心路历程、梦和思想要分享，很多的资料要查阅……我们的阅读量之巨大，起初连杰夫也深感吃惊，不过后来他也说，硕士学习就是需要这样大量阅读，用丰富的知识和观点充实自己，才能从阅读材料里提取精华和有用部分，为自己的研究奠定基础和触发灵感。

此时的我，像好奇的幼童，站在一个无限丰富复杂的世界面前，面对令人眼花缭乱的一切，新奇憧憬而不知所措。内心充满了即将上路的兴奋，也充满了对不可知未来的惶恐。

我知道，想要探索这个世界的奥秘，想要享受这个世界的美妙，就必须努力吸取更多物质和精神方面的营养，使自己拥有强健的体魄和敏锐的大脑。这几天趴在书桌前拼命地看书，真的读得越多，越感到自己的浅薄。新的世界太广大富有，我需要加强锻炼才有能力取得它的财富。所以再忙我也会找时间出去跑步和骑车。因为我将要度过的，不光是拼脑力，也是拼体力的两年。

我们后院的篱笆墙外有一条浅浅的小河，沿着小河是一条能过一辆半车宽度的小路，小路的另一边是一片宽阔长满牧草的原野，原野中间分散着几棵蓬勃的橡树，尽头有一排白色的农房，那是一个私人火鸡养殖场。清晨我喜欢到那条路上骑车或跑步。跑着，右边的原野草地忽地一下亮了，橡树、火鸡房、路边大树的上部都被染上一层金色。回过身，看见远山顶上喷薄而出的初阳，心中的喜悦也喷涌而出。默默对着太阳和世界说声早安，扭身继续跑。一路上，有清风也有鸟鸣，有逃窜的松鼠、狐狸、野鹿、火鸡，也有迎面慌张但是坚定地与我擦身而过的流浪猫咪甚至北美土狼。如此开始新的一天，充实而快乐。

在开始读硕的同一年，我们有幸在加州这寸土寸金的地方买到一栋带前后大院子的房子，我在前后院子里种了很多花儿和果树，加上原房主留下的，共有20多棵十几种果树和无数的玫瑰、蔷薇、菊花、萱草花、加州罂粟等。水果鲜嫩饱满，花儿色彩艳丽，充满生命的活力和灵气。每天看书累了，花四五十分钟到一小时到前后院晃荡，看看它们，为它们浇水拔草修剪一下花枝，听听清脆的鸟鸣，顺便晒晒太阳补补钙，是一大乐趣，整个人会被重新注入活力，有饱满而新鲜的精神再投入大部头英文书本。

我知道自己会很忙很累很辛苦，我知道那些深入灵魂深处的东西会撕开往日的伤疤，揭露童年的阴影，会很深地刺痛我，但是最终也会解放我，帮我找回失落的自我，获得真正完整的自己。我会尽力回头，查看走来的路；我也会引颈向前，努力奔向终点；我会痛哭很多次，也会欢笑很多回，在这条寻找自己丢失的灵魂，完善自己破碎的人格的路上。所以我一定会真正的痛并快乐着。

这是一个非常温暖的集体，我是12个同学里唯一的亚洲人。同学们关系都非常亲密。我们几乎一见如故，大家互相开玩笑、谈论家庭里的一些好笑或令人焦虑的事，一起去办借书证和学生ID……甚至，这个硕士专业二年级的同学也和我们很亲热，很友好地提供帮助。很是让人感动。

这是一个和社区大学里的学生们完全不同的团体，在未来的两年里，我们会一直在一起上同样的课，做同样的事。我要尽全力跟上他们，不被“踢”出来，因为我是那么喜欢这个集体，那么热爱荣格。

杰夫每天中午在公司都会给我打个电话（后来因为我上课改成发短信），前天他给我发了两条短信，第一条是：“不管你看多少书，我都爱你。”——因为我跟他哭诉那些书太可怕了，一天也读不了多少。第二条：“谢谢今天早上你为我准备的超级棒早餐，你对我真TMD太好啦！么么么……（他原话是you are so damn good to me，幽默地表示对他好的程度——夫妻间的言语嘛，没有必要永远高雅，对吧？我把damn翻译成TMD，是因为找不到汉语里更合适的对应词了）”。

下午在院子里听到音乐阵阵随风飘来，遂换上跑鞋出去跑步。循着音乐跑到附近社区中心，发现这里有个fair（类似集市的活动），人们摆摊卖着自己做的首饰、家居用品、艺术品和各类食物等。有临时安装的大型玩具给孩子们玩，有乐队搭了台子在表演。一些人在逛集市挑选物品，另一些人则带着椅子、小毯和饮料、零食等舒适放松地在草地或附近台阶上坐下或走动。音乐响起，大家自发从草地上站起来，扭腰、摆臀、甩臂尽兴狂跳。这里的生命活得自由洒脱，活得淋漓尽致。他们随意参与、尽兴享受、不拘束自己。我们周围常常有此类fair，另外商场里也不时有些临时的时装秀，购物的顾客自发地积极参与表演，不管男女老少，不管高矮胖瘦，都主动积极、奔放自在地上台表现。有些女人真的超胖，但并不妨碍她们愿意尽情地展示快乐、参与生命的乐趣和劲头。我希望自己也能以他们那样的乐观和热情参与自己的硕士学习，不用忧虑旁人的眼光和自身的不足，只尽情享受成长的剧痛和极乐。

## 有过多少欢笑和泪水
## ——有关毅力、学习方法等答网友问

登录微博，看见一位小网友给我留言 :“求刺激！你当年刚到美国时是怎样慢慢开始学英语再获得学位的？在国内完全体会不到国外的学位有多难拿啊！希望您的经历能多鼓励下努力奋斗中的小年轻。谢谢！”

这一“求”把我渐隐在时间长河的记忆给“刺激”出来了。它冒出头，对我温暖地回眸一笑，竟把那段苦甜混合的日子暖得只剩下甘甜。前段时间杰夫在前院和邻居迈克聊天，谈到我读硕那两年的情况，很感慨地说 :“她一周七天每天十几小时趴在桌旁和电脑前读和写，365天天天如此，连圣诞也不例外。”不光对迈克说过，每次和别人说起我读硕的事总会提到这个，不清楚他是心疼还是骄傲，总之他的记忆中留下了这样一幅印象深刻的画面。那曾经无数次痛哭，无数次微笑，无数次发疯，无数次欣喜的两年 ; 那段没节假日没娱乐活动，只有很多疲累和泪水的两年，成就了我的梦想和新人生 ; 也给我们的生活和爱情带来了不少的磨难。我们都不会轻易将它忘记。现在我就简单说一说当时的处境和我是怎么挣扎过来的吧。

关于英语一事，我不想先说，因为说了小朋友也许就不会往下看了。我想先说的，是荣格深度心理学这门课程的难度，给小朋友一个“前期刺激”。首先，在国外用第二语言读文科比理工科难太多了！因为阅读量大得多，难得多。第一学期开学前我曾偶遇学校一数学教授

（中国人），他说，理科确实简单得多，大量做题就可以，阅读并不多；文科就麻烦多了，阅读量巨大且难，而心理学，又是最难的。

其他种类的心理学，都是“浅层”心理学，因为主要研究的是人类的行为模式、习惯养成、环境影响等。注意我说“浅层”只是比喻，并不等于浅薄。荣格心理学之所以被称作“深度”心理学，是因为它主要研究占人类整个心灵的90%的潜意识。我们每天能感觉到、记忆到的意识内容，只占10%。根据弗洛伊德，就像海里的冰山，露出水面的那部分叫意识，潜在水下看不见的那部分就叫潜意识。

所以那是一个巨大的未知领域，荣格越深入下去就越多地发现很多和人类潜意识相关的东西：宗教、哲学、神话传说、炼金术等，还有第四学期哲学课要求阅读、讨论并每周交一篇阅读心得的尼采和康德。我的同学里只有两个男士没有抱怨，其他人，尤其女同学，拼命咬牙苦战。有人甚至和我一样，读得痛哭流涕，那可是我的美国白人同学喔。再加上其他同样艰深难懂、数量巨大的各科阅读以及催命般转眼就到截止日期的论文，低我们一级的同学里，有个白人同学觉得实在困难，无奈地退学了。一个下午在APA[①]讲座开始前，主讲的教授和我闲聊时提到，前几年有个日本女学生也是实在跟不上选择了退学。

还有那些晦涩的炼金术术语、希腊语、拉丁词等，如一只只的饿

① APA是美国心理学会（American Psychological Association）的简称。APA格式指该学会于1929年出版的《美国心理协会刊物准则》，主要用于心理学、教育学、社会科学领域的论文写作。其规范格式主要包括文内文献引用和文后参考文献列举两大部分。

狼，把我们撕咬得体无完肤，我高鼻深目的美国同学对我说：你不孤单，我们也在学习一门新语言呢！

知道这句话的含义吗？那意味着我要学习的是两门新语言！还有他们从小生长在其中而我基本不熟悉的西方文化和宗教！

而且，荣格心理学在美国并不像人本主义心理学或者行为心理学那么普遍，而中国心理学主要受美国影响，所以，在教授指定的书里一本中文译本也找不到！不是中国没有荣格心理学家的文章和著述、译著，但非常有限，不论是深度、广度还是时限度。除了一本《人及其象征》是回国时买到的（可它不在我们的课堂讨论范围内，它只是被指定为第一学期开学前了解荣格心理学的读本之一），我两年七八十本各科书籍全是英语，完全找不到中文参考……

我开始阅读的第一份材料是德裔教授约根用邮件发来的PDF文档，他自己编写的几十页万言散文诗体阅读讨论材料，叙述、分析了欧洲神话传说的起源和寓意。我一收到就立马兴冲冲打印出来开始阅读，第一段未读完就傻眼了。那些明喻暗喻借用引证方式，那些西方古今神话宗教文学哲学神秘学典故，那些从来没有见过的怪异陌生词汇，一起在纸面上幸灾乐祸地冲着我阴笑。那天我花了整整五小时才读了不到10页！自信心受到超级严重的打击。我那算是学问高深，读了很多书，拥有CPCU证书（保险业界一种非常重要的高级教育资历证书）的“狗教授”回来听说后兴冲冲加好奇地拿来一读，居然也被难住了。读第二遍才看懂。英语为母语且熟悉西方文化的他只用了几小时，是我所花时间的十几分之一。

我们的跨文化神话和传说课每次开始前，教授都让大家说说今天/这一周的心情和事情，用天气的变化来比喻。我的心情经常阴晴不定：一方面，海量的阅读，无休无止的research（查阅资料），步步惊心的写作（一周一篇甚至两篇）；另一方面，由阅读、写作和讨论带来的内心阳光或地震，让我的天空时阴时晴，有时阳光灿烂，万里无云；有时细雨纷飞，有时则暴雨倾盆。不只是我，我的美国同学们都在说阅读量太大，有些材料不容易理解，很多的古英语或拉丁词，他们也不知道是什么意思，不会读。一位女同学对我说，"Jessi，当我读着那些晦涩的文字，艰难地理解着其深邃的意思时，我不断地想到你：如果母语为英语且生长在西方文化环境里的我们都觉得困难，你的处境更可想而知。"

在国内网上极难查到相关资料，试过几次之后我就彻底放弃不再浪费时间。一是因为荣格在中国远不如弗洛伊德有名，我们读的书国内学者也极少读过（没有译本），所以相关文章和资料几乎没有；而要写的东西都和自己有关，必须联系本人情况，所以只能自己领悟自己创作。也因如此，每完成一篇论文或者figure out（想出）出一些ideas（观点，想法）为下一篇的写作时，那巨大的喜悦是无法言表的。此时我的世界晴空万里，我是一只优雅的天鹅，展翅蓝天，恣意享受。

但因为要读的东西不是小说，一路看下去情节自然展开，不用费多大力就能理解，而是深奥晦涩的学术理论书籍和资料。我的母语为英语的美国同学（不止一个）对我说："你并不孤单，读这些书，对于我们也是学习一种新的语言呢。我不得不找出词典、上网查询、书里翻看，力图弄懂那些术语、句子、段落的意义。”某些书除了晦涩深奥，其使用的大量俚语和专业词汇也让我焦头烂额。彼时，我的世界天空无月，乌云密布，大雨滂沱。我几乎就是一匹焦头烂额的野狼，几欲对天长啸！

虽然教授和同学们都很肯定我的努力和能力，说我did a great job（很棒），聪明、勤奋，有着令人惊讶的勇气。确实我在课堂上表现积极，提问、评论、建议、谈心得……从不怯场和自欺欺人地干混（短短两年的时间对我太宝贵，我要抓紧表达自己，尽可能多地吸收理解这门自己深爱的学科），我的发言不时博得大家点头认同和开怀大笑。

可不时出现的那种隔着纱窗看他们的朦胧感觉，却令人非常难受。例如，当某人提出某种文化现象或者历史情况时，大家都心照不宣很有默契，积极发表见解，只有我似懂非懂无从插话，因为我没有生活在这个社会和文化里，对那些事件、现象、电影、音乐、人物等几乎（或者完全）无知。那些时候，常有幻觉出现：眼前这些彩色头发和眼睛的大鼻子们，都变成了和我一样的黑头发黑眼睛黄皮肤，我们有着共同的渊源，我了解目前正在谈论的话题，我可以畅所欲言，尽情表达自己的观点。

不过，某晚上完课开车回家的路上，我猛然间清醒过来：如果一定要和他们比语言，比文化背景，比宗教知识，那会给自己设置一座大山，虽不是永远不能翻越，但这硕士项目的两年里是肯定不行的。

可我为什么要为这个着急担心呢？我有自己的优势。

正如杰夫所说，我有深厚的中国文化背景（不光学识，还有血液中带来的中华印记），现在我又真实地生活在另一种文化中，这种跨文化的体验和经历是我丰厚的资源，是其他本国同学没有的优势。

他说得对，我不用为语言能力和背景知识不如同学而沮丧。美国的教育和中国不一样，它不是要你背下某些东西，而是看你能学到什么东西（促进自己成长），能带来什么东西（促进大家成长）。这个项目的参与者都不是为了利益而来（即，不是为了以后找份好工作而来，以荣格深度心理学文凭为方向在美国很难找到工作，工资也不高。当然，根据以前毕业校友的反馈，很多人毕业之后没有做咨询师等心理学专业工作，但他们在不同岗位上都有不同的成就。很明显，如果你了解自己，了解人类的本性，又能恰到好处地运用，在各种不同的工作中很有可能得心应手），我也同样，来学习的主要目的是自我成长，完善自己的人格。参加这个硕士项目的人是一群关心自己内心和灵魂的人。

所以换个角度看，我只要尽自己的努力，努力参与努力思考努力完成教授们指定的任务，努力让自己成长、丰富，有一天一定会在某一点豁然开窍，得到自己一直苦苦寻求的。这就够了，这就达到目的了。至于以后的出路，现在心中大致有个雏形，也许有一天会改变，但也许有一天会发现：这就是我应该做的事，走的路。

各科教授们强调的一点都是：Be Yourself——做你自己，对自己诚实。这是我在这里学到、能做到、也最喜欢的一点。不得不带着面具的生活很累，也违背自己的本性，会让自己的内心支离破碎，敏感脆弱。我很庆幸现在能真正的做自己。这些方面美国人生活得很随性很自在，大多情况下，他们不用伪装，不必为了讨好别人去附和，也不必在意别人的眼光。所以我也把面子和与我的美国同学们相比时的压力统统丢到一边不再理会，只努力做自己能做到的，说自己能理解的，写自己能领悟的，踏实而坦然地接受自己的处境和能力。结果创造了“奇迹”——以几乎全A的成绩毕业，论文达到出版级别，顺利拿到硕士学位。

有一日清晨做了个梦，梦中我似乎在一个姑姑家里，先帮爸爸（好像妈妈也在）把饭桌搬到另一间屋子，然后不知怎么走出来了。外面是一条两栋房子之间的走廊（在一楼），天正下着雨，我从走廊穿过，扭头看着哗哗的雨点打在两边长着各种窄叶宽叶的青葱草地上，看着朦胧雨雾中的远处，觉得好美。心想这场雨会给大地带来怎样的生机啊，我是不是应该仔细找找有什么不同寻常的植物冒出来了（这是我小时候非常醉心做的一件事，在家旁边的省博物馆巨大的院子里一整天地沿墙根搜寻，不时惊喜地发现一些与众不同的特殊长相的植物，然后小心翼翼地挖出来带回到2楼的一个阳台上种起来，或者做好记号天天跑去看它，小小的心里充满喜悦和幻想）？不过还是接着往屋里走，心中有一种感觉：这个地方宁静美丽，非常适合居住，也许时间长了可能觉得太偏僻，如果只是住上两三年还是很不错的，可以体验和发现大自然的各种美。

然后就醒了。

躺在床上，脑海里一直浮现着那晶莹的雨滴和充满生机的草地以及远处朦胧的美景。很温暖很舒服的一种感觉，令人再三回味。

我猜这个梦要想告诉我的是：我现在在一个令自己迷醉的美丽地方，不会待很久，用两三年享受它就可以（这不就是指我的为期两年的硕士研究学习吗？它让我发现了大自然和人性的迷人之处）；而且即使是雨天，也是美好的，那些深藏的神秘和美丽不仅需要阳光，也需要雨露，才能勃发生命。所以，也许我该重新认识我的雨天。换一个角度看世界，景色才会多彩多姿。

好了，现在具体说说我在如此险象环生的恶劣环境下幸存下来的一些应对原因和方法。

我把心里的小算盘啪啪扒拉了下，算出我的以下5个主要原因：

1. 极为热爱荣格心理学，对探索人性和自己的内心充满了极大的兴趣；

2. 有一个无条件在各方面支持我，怎么说感谢都不够的老公；

3. 使用了一些有效的调节措施；

4. 善于自我控制，有效利用有限时间，养成高效率好习惯；

5. 有幸拥有一群微博和网络上的粉丝，他们给予我极大的理解和支持。

下面简单解释一下以上几点。

**1. 追随内心选你所爱。**如果必须吃这么大的苦，付出极大牺牲和努力，一定要对自己好一点，不要再虐自己了。选自己喜欢的、最好热爱的科目去学，不要只选择赚大钱或能满足虚荣心的学科，除非你碰巧特别喜欢它们，否则就是摧残自己的生命。因为当你领悟了、理解了你一直希望弄清楚的东西时，那发自内心的、纯粹而深远的喜悦和满足是极大的。大得无可比拟，无法言说，没有经历过绝对想象不出。那是支持我哭着笑着一直一直走下去的巨大精神力量。当然了，为了出国实现自己的梦想迫不得已苦学不喜欢的英语，或为生活所迫必须选一个虽无感情但实用的专业那是另外一回事。我的建议是最好尽力培养和它的感情。

**2. 寻求外界（亲人）的支持和帮助。**杰夫，我相信这个男人是上帝对我多年坚持做一个善良、不屈的追梦人的一个小小奖励。虽然这家伙臭毛病不少，也不时会惹我跳一跳。但他对我的爱、包容、支持，为我做的牺牲，我真的想破脑袋也找不出一个相似的例子在我认识的其他人身上。我知道此言一出定会惹来一堆烂番茄和臭鸡蛋。那么，我赶快追加一句申明：我其实只是个“孩子是自己的好，老公也是自家的棒”的偏执女人罢了，别人家男人的好都被我那双“色盲”眼睛过滤掉了，所以别跟我一般见识啊。

众所周知，美国大学学费和书籍（尤其是教科书）昂贵，从我和小妞读社区大学开始，所有需要的书，他几乎从不浪费时间去各个旧书网站慢慢寻找，也不主张我们自己那样做，基本都是马上打开Amazon帮我们下订单，或让我们直接去学校书店买新的，钱当然都是他出。运气好时也确实碰到过两三本used（二手或几手的）的，都是事先得到确切消息说在哪个网站上有，他直奔那里去下单。但因为买用过的教科书是美国大学很普遍的事，大家都爱护得很好以便期末卖个好价钱，所以拿到手里的书至少都是八九成甚至几乎全新的。杰夫对我说，这些教授要求的书都是非常经典的著作，是我今生事业的源泉，有保存价值，没必要买旧的。而且这样做，书也会很快送到，我就可以很快开始阅读——因为他知道我的英语不能像汉语一样一目十行地浏览，故只能抓紧时间提前下笨功夫。

我所有遇到的问题，关于西方哲学、文化、宗教、神话传说、社会问题……都可以找他询问，多年每天阅读1～4小时的他装了一肚子渊博知识，所以他总能毫不费力且耐心给我解释。很多次他上了一天班回来已经非常疲惫，我却在他出现在我眼睛里的第一秒开始把攒了一整天憋在肚子里翻腾了很久的一大堆的问题迫不及待地噼里啪啦轰向他，可怜的狗教授连吃饭时都要边往下咽着牛肉边往外吐着答案。

两年时间，我没有周末和节假日，天天起早贪黑废寝忘食六亲不认天昏地暗地把自己泡在各种纸质的、电子的资料里，顶着发光的大脑门和国宝的黑眼圈，昏沉沉神叨叨目光呆滞听力不佳大脑迟钝地给狗哥秀了一回中国人民刻苦勤奋的优秀品质。弄得既惊诧又佩服的他也不敢想出去旅游、野外放松、偷窥比基尼什么的美事了，伸出肩膀和脑袋扛起了家里所有大小事，除了每日早出晚归上班挣钱养家，其他的如房屋维修、前后院的整理、每天处理大量的各种邮件、各种账单、我和小妞在这个陌生社会的一切麻烦事……我的超级男子汉全都毫无怨言地担当起来。我只去超市买买菜，回来做做饭、洗洗碗，周末洗洗衣服、给地毯吸下尘等。

他做的，还有很多很多，因为不是此文重点，所以不多说。但都在我心里永远存放着。

**3. 弦绷得过紧是会断的，要学会放松。**我一年365天天天读写十几小时，如果完全没有放松的时刻，肯定不挂也疯了，所以除了早上跑步、骑车以增强体力，杰夫还买了个定时器，让我用它监控自己的作息。每隔两三小时，我都会站起来离开书桌或电脑，做一些事放松一下：

有时候我喜欢去前后院转转，看看蓝天摸摸花儿听听鸟鸣；偶尔也背对太阳站着暖乎乎地发呆；更多是到菜园、花园里视察，因为我实在痛恨那些长得快蹿得远的可恶杂草，所以常常不自觉地蹲下来伸手去拔。拔着拔着手就脏了，指甲里都是泥。愤愤地跑回去戴上手套拿了小铲子回来再战。再拔着拔着一个小时就过去了，看着地上一堆蔫里吧唧乱七八糟的根须和叶子，感觉特舒畅、特满足。一头大汗满脸通红地回屋洗手、喝水，再激情高昂地投入新一轮战斗。

有时候则打开音响或者直接点开电脑里下载的“我最爱的音乐”文件夹里的曲子，跟着节拍随意扭、跳、甩、奔、转……反正怎么过瘾怎么舒服就怎么来。没有观众，不用在乎姿势是否优美，身段是否柔软。

我小时候练过一段武术，如今虽老胳膊老腿了，还是保留下两样“武功”：在地毯或后院草地上翻跟头，就是“转车轮”，俗称的“侧手翻”。几轮下来，全身的血液都沸腾了，头晕眼花肩背发麻的毒素都被蒸发掉；靠墙倒立几分钟，此时血全部流到脑袋部位，眼睛不胀了，大脑也清晰了。

另外，我每天洗澡的时间不是早上也不是晚上，而是下午，当头痛眼胀累积到最高峰时，冲个时间稍长的热水澡马上恢复神清气爽。当然全天有课或上午有活动时必须起床后就洗。

总之，保持自己的身体柔软协调非常重要，身心灵是一体的，身体状况影响大脑功能和情绪。

有时候任务太重加上睡眠不足，正好又遇到生理期，这时极度的疲劳加上焦虑和烦躁，人几乎要垮掉，拔草发呆晒太阳听音乐转车轮都缓解不了将临的崩溃了，我就揣着半腔沮丧半腔怒气跳上大越野车，向着太平洋一路狂奔。索诺马郡的美景是世界闻名的，尤其那漫山遍野葱绿的葡萄藤子，原野上孤傲挺立的橡树和牛羊群，路边绚烂艳丽的各色花儿，衬着一望无际清亮如洗的蓝天，让我的心渐渐宁静下来。沿着大洋行驶一段，找个顺眼的海滩停好车后，跌跌撞撞冲向海边。腥咸的海风啪啪抽着我大耳刮子，告诉我："冷静下来！冷静下来！"

我脱掉袜子塞进鞋里，用力向后甩去，向前踏进太平洋冰冷的海水里。那刺骨的痛瞬间赶走了剩下的焦虑和烦躁，心瞬间轻盈空灵起来。马上退后，穿鞋，找块岩石坐下来，长久地看着一浪浪咆哮着翻滚的渐近线和在大礁石上拍得雪花飞溅的海浪，渐渐感到自己又温暖鲜活起来。

当然理智还是有的，生理期时不敢脱鞋踩水，不想给自己招惹更大的痛苦和麻烦。

**4. 注重方法，提高效率，事半功倍。**不过大多数人并不需要看我上面说的怎样休息和调节大脑，他们的问题是根本就无法定下心来专心致志地看上哪怕一小时的书，这是很多人无法成功到达自己梦想终点的最大绊脚石。其实，原因主要是没有找到一个真正心动和愿意全身心投入的目标。很多人所学所做并不是自己真正喜欢的，只是因为生活压力或者从众心理而“被迫”在做和学，所以体会不到那种发自内心的极度的满足感和成就感，当然就没有动力全力以赴。

几年前在网上看到一个方法，当时觉得非常不错就开始实践，很抱歉时间太久已经忘记作者具体信息，它所说的具体时长也忘记了，但方法记得。我最初在社大读书那一年就是基本根据这个方法来锻炼自己专心高效的：定时器设定30分钟，此期间专心看书，不喝水不上厕所不视察冰箱不批阅微博，一颗红心两只猫眼全放在书里。30分之后定时器一叫就站起来离开，吃喝拉撒满地打滚皆可但还是咬牙不去批阅微博君临网络，因为会被各种杂乱的信息分神。5分钟后回来，坐在书前开始下一个30分钟。第一天坚持做三次就可以，完成得好给自己一个小小的奖励；然后第二三天4次，第五六天5次……慢慢就成习惯了。据说一个习惯最快7天，通常21天才能养成，所以要有耐心。坚持到一定时候，你的大脑会自动形成一套新的运作模式，就不会在你想专心看书时硬纠结着扭着你去翻微博、逛朋友圈了。

可以根据自己的情况，设定为每15分钟休息5分钟，或每小时休息5分钟。

**5. 留点时间和空间做自己最爱的事。**虽然时间紧压力大，但我还有个“坏习惯”就像打不死的小强，无论怎么奋力扼杀它都能满血复活，回来造反，那就是打字和记录——我一直非常热爱的另一件事，所以再忙也会抽时间更新微博和博客。文字总是能感动我，不论是读别人的，还是写自己的。朋友们在围观我那段半精彩半精分的生活时，热情的眼神和有力的呐喊（阅读和评论）也给了我很大的动力。在那几乎算得上孤军奋战的日子里，我是多么开心和你们分享并听到你们的鼓励之声啊。哪怕不说话的一个加油或顶呱呱图标，都给了我巨大的能量。

写到这里，我脑海里突然冒出这首一直非常喜欢的歌：“有过多少往事，仿佛就在昨天；有过多少朋友，仿佛就在身边……如今举杯祝愿：好人一生平安。”这是我今天生活的写照。

真心真诚地感谢和祝福在那崎岖的奋斗之路上观看我和为我加油的你们！

最后，前面扭搭搭遮着的面纱该取下来了：我本科是英语专业，所以并不是来美国后才开始学习英语的。不过不要以为英语专业毕业的就能在美国自由驰骋，呼风唤雨。

我算是有一点语言天赋的，口语和听力也算不错，多年前还做过不长一段翻译导游。可刚来美国时才发现：我们在国内学的书本英式英语和美国人用的生活英语差距不是两臂左右一伸那么大，而是有的地方你就是助跑、起跳，拼尽全力都跨不过去而直接栽坑里咬一嘴泥那样的可怕。

虽然我生活交流问题不大，可以和杰夫的朋友、家人连蒙带猜谈笑风生，让人家直惊叫“你的英语，Beautiful！”且拿到驾照后就自己开车去超市买食品和生活用品，去医院做常规体检等，只要他们知道我的情况不大量使用俚语来为难，自我感觉在美国社会还混得“将就”了，心中暗暗小得意了一把。但等进入学校，开始海量接触学术性写作和阅读时，就基本跟国内小学文化的美女帅哥们一样：似乎能听能说也能写几段不甚优美但算通顺的文字，但一翻开学术书籍，或打开文档想写一篇学术论文，就只剩傻眼、惊呆、然后发疯的份了。虽然再疯，却连撒泼的能力也没有，就那点英语水平，刚捶胸顿足拉了个架势，正准备呼天抢地一爽到底呢，却找不到词了，立马偃旗息鼓。可怜我只好把那呼天抢地的劲头憋回去，捶胸顿足地去使劲啃书本和练习写作，学校的免费帮助中心，我没少使用，从社大开始到硕士生第一年都是这么过来的。

所以如果你们不是英专毕业的，但是准备了一段时间托福、雅思什么的，你的起点就和我一样；如果你不是打算来美国读荣格心理学而是读理工科、商科、计算机等，那你的起点比我高多了。开始再一次冲刺红宝书之前先开瓶香槟庆祝一下吧！而且你比我年轻那么多啊！所以祝你们好运啊！

# 每一次痛都是成长的机会

在我们结婚五周年纪念日前夜，因确实无法帮上国内亲友要求的一个忙，我几乎整夜无眠，辗转反侧，内心煎熬，无论怎样自我安抚，仍然无法抚平心里汹涌波涛，依然陷入深深的自责和内疚。我知道自己反应过激却毫无应对方法。

黎明时分，我终于看清那已然若隐若现的情结，一个来自童年家庭教育的阴影：中国式的听话、做乖孩子、畏惧权威和长辈的教育方式。当然，这次情绪的引爆因素是对亲情友情的珍惜，也许隐含着不被爱和接纳的不安全感，所以，尽管我无错，却无法坦然、安宁，整夜受尽折腾。

起床后忙着洗澡、吃饭、去学校，来不及仔细分析和整理内心，可是，对于一颗真诚的灵魂，老天爷（或者说，是上帝）一直在注视着、关爱着。

杰夫常说，任何事情的发生都有其理由，我对此深有同感。那天的课是这个学期第一次课，课程名称为*Earth Based Inquire*[①]，让我们一直保持和自然母亲的亲密联系。

课上，再次见到第一个学期教我们跨文化神话传说及其象征课程的德裔博士约根，大家都感叹和调笑着最后这个非常艰难的学期（尼采，Hillman，荣格的Aion，神经心理学等课程，加上最大

① 大意是，自然提出和解答问题的一种方法（课程）。

paper——毕业论文，每个人都或多或少失控了），他的课来得太是时候了，我们需要他的非洲鼓，他的吟唱，他的带领去到自然深处，和自然亲密接触，接受自然的爱抚和治疗。

那天的课是上帝对我的关爱，带着痛楚和疲惫的我听到约根的一句话时，就几乎痊愈了。那不是一句陌生的话，我听过很多次，我明白那道理，可是，在疼痛的煎熬中我们有时候会失去理智，忘掉很多应该记住的，却无意识地加深那本该忘掉的。他没有特别针对任何人，因为这句话其实就是荣格心理学的精髓之一，肯定会被不时提起。

他说，“每一次痛都是成长的机会。”如醍醐灌顶。

是的，每一次痛都是你的内在人格对外界环境或事件的反应，你感受到疼痛和煎熬是因为你内心深处的情结受到了刺激。这个情结，也许如弗洛伊德所说，来自童年未满足的愿望；也许如荣格所说，来自人类集体无意识。不管怎样，你被它触动了，引发了痛苦和不安，它让你付出了这样的代价，你可不能轻易就放过它，让它成功烦扰你之后又安全缩回那个阴暗的角落，伺机再给你一次攻击，让你的心伤痕累累，让你的人生路充满隐秘的危险和障碍。

这时最好能找个安静的时刻和地方坐下来，仔细体味它，观察它，甚至和它对话，弄清它的来路，即为什么它如此令你心神不安疼痛难忍？你的生命中还有过其他类似的时刻和事件吗？它们有什么共同点？……不要痛恨它抵触它，而要接受它接纳它，它是属于你的一部分，你爱自己，因而福及它。然后，很有可能就会发现它因何而来，有时候，这个深藏在潜意识里的情结一旦被意识到，症状就消失了，你再不会被类似的事件和人物干扰；但有时候，你看见了，却需要做一些工作来化解它。

当然，有的痛你一下就能知道是为什么，也不必要进行这么复杂的程序才能解决，你要做的就是直面它，接受它，然后放下它，把它折腾、消耗你的那股能量变为正能量，用在合适的地方。

后来约根说，给你们30分钟，出去找一棵树，和它交谈，把你们想丢掉的负面情绪、情结、焦虑……告诉它，回来我们再继续对付它们。

我出去在校园的湖边找到一棵松树正要开始，抬头看见旁边树上一只小松鼠正警觉而好奇地观察我。我掏出手机给它拍了一张照片后，开始和树交谈。等下课我再打开照片一看，树干上很多睁开的眼睛，眼皮、眼珠、瞳孔都有，栩栩如生。小松鼠头顶后方的树枝上，更有一只白色眼仁黑眼珠的眼睛正在看着我，它在听，大地在听，上帝在听，老天爷在听。

我知道，我被爱着。

我自我感觉是一个好女人，一个善良的女人，在这天地之间，我做的事都对得起自己的良心和大自然的法则，每一次的痛都是上帝希望我心灵更完整更快乐的提示，我不应该只是受它折磨而抱怨和消沉，我应该感谢上天的厚爱给我的提示，仔细审视我的痛苦，让阳光照射进来，驱赶黑暗，治愈创伤，使我变得越来越健康。

树越向往高处的阳光，它的根就越需要往黑暗的深处扎，没有苦不会知道什么是甜，没有黑暗就不存在光明。痛苦是生命的一部分，我们无法完全避开它，那就想法整合它，让它与其他部分和谐共处，它就不再撕裂我们的心和灵魂了。

周末重读Donald Kalsched的*The Inner World of Trauma*（《创伤的内在世界》），联系到Rose Emily的*The Orphan Archetype*（《孤儿原型》），突然完全明白母亲当年的处境，看到导致她悲剧的原因（抑郁症），那一刻，差点泪如雨下：如果我早20年认识荣格，我也许能救了母亲！那个时候，年轻的我对人类的心灵完全无知。妈妈，对不起，虽然不是我的错……

然而失去母亲的毁灭性伤痛也不是没有价值的，甚至在那个时候，我就有了这样模糊的直觉，不能让母亲的死只摧毁我，也应该帮助我，让我可以在废墟上培育出美丽的花儿滋养世界和自己（那时候不是出于自我保护，而是出于对她的爱想努力寻找她悲剧的价值，作为我那善良乐观的母亲对我、对这个世界的最后一点贡献）。母亲去世后，我的价值观发生巨大变化，我抖掉了很厚一层心灵尘埃，到后来有兴趣去北京学习心理学，来美国后有勇气继续研究心理学，走上探索人性和自然之美的路。母亲用生命付出的代价并非徒然。虽然我宁愿这代价从未付出过。

## 在美国读硕——有吃有喝有玩乐

通过开学前的一点阅读和开学后的大量阅读，以及上课时教授们和同学们的发言，我越来越清晰地看到，由于我们所受的无神论教育、我们所追求的物质利益、我们所处的环境、我们缺乏信仰的生活，让我们内心越来越嘈杂，离自然母亲越来越远，越来越失去内心的“平衡”，灵魂的平衡，我们也就越来越茫然，越来越不快乐。

这学期的课一共三门：《深度心理学方法及运用》《跨文化传说及象征》《深度心理学理论》。第一科每次上课前，我们都要用最舒适的姿势放松，做一段时间的“积极想象”；第二科有时上课中间开始，教授用梦幻般的语调低语，或悠悠地哼出旋律简单、原始、深长的曲调，指引着我们走回内心的那条道路，走回远古，走进自然。

起初每次我都需要较长时间才能入静。同学们有人会流泪，有人控制不住地会大声叹气，他们基本都能看见一些清晰的image（意像），我的image则比较慢而模糊。我能清晰地看到自己的内心思绪如阳光下的尘埃，上下翻飞，不肯停息，无法停息。后来的几次课慢慢好多了。

我们的课堂非常注重艺术创作和表达。在一次课上，我们先讨论课前阅读的材料和书籍，然后在教授洛拉的引导下做积极想象，我看到了自己意识深处的女性和男性意像，它们是天鹅和狮子。然后看到我的指导者，是一朵金灿灿的单瓣菊花，它给我显现出层层叠叠、绵绵无尽的淡绿色山峦和明亮淡橙色天空里的朵朵白云（天空不是蓝色的，而是淡橙的阳光色），最后又显出我那高贵圣洁的天鹅形象。然后她拿来大张的素描纸和各种质地的画笔，让我们画出刚才在心中出现的意象。

课堂上大家东倒西歪，光脚跷腿，亦吃亦喝，连男教授约根也这样。不过，所有人的精力都集中在当前讨论的话题上，形散神不散。我也克服了东方人的羞怯和矜持，放松自己，一会儿光脚一会儿穿鞋，一会儿老实双脚着地坐着，一会儿又双腿盘进椅子里，或者拖一把椅子过来，伸展双腿把脚搭到椅背上。反正怎么舒服怎么来，大脑和身体都在最放松的状态，思想自然高速运转。

第一学年，我们每学期都是三门课，每一科都相互关联和渗透，每一科都不枯燥（一次课3～5小时我从未坐立不安过），虽然确实阅读量大，理解艰难（文科阅读量大，尤其心理学阅读程度难，这是最辛苦的部分）。不过每一次痛苦的蜕皮都有新的美丽的生长，那种快乐无法言喻！这就是支撑着我努力向前的动力。

有天下午的理论课，教授赖萨和我们商量：是否愿意自带食物去她家potluck，在她宽大的厨房里边吃边讨论学习内容；她准备饮料和汤。我们都说没问题。potluck是在美国非常流行的聚会形式，每人自带食物饮料等，放到一起，大家选择喜欢的吃，目的主要是聚，不是吃。结束后如果某些食物剩得多，自己或其他喜欢的人可以带回去。

去她家前，我和我的同学戈登经历了一场小小的混乱和冒险。

我上午把车开到学校上了洛拉9～13点的课，然后要在14点赶到另一个镇的赖萨家。之前戈登主动提出我可以搭他的车去，所以我带着买好的食物，和他先回了趟家，他去拿些东西，我坐在车里等；然后我们继续赶路，他要先去食品店买食物带去。在路上他问我："你在GPS上设好她家的地址了吗？"我大惊："What？你要我带GPS？"我俩顷刻傻眼了，因为他没有带地址，我没有带GPS……

好在我反应快，说："你送我回家去拿GPS，正好我昨天买了很大的两盒马芬小松饼，我可以送给你，你可以拿它去赖萨家。"我家离学校很近，所以我们一溜烟冲了过去。感谢亲爱的老公杰夫安装了数字密码锁，我才得以在什么也没有的情况下打开车库门进到家里。

但车库门一开，我立马傻眼：偌大的车库空空荡荡！我的车呢？我的车呢（GPS在车里）？先冲进厨房拿了马芬，再原地转了两个圈，大脑飞速地转着：是不是杰夫开走了？掏出电话想问问他，幸好突然电光一闪清醒了："早上不是自己开到学校了吗？"天呀，越忙越乱就是这样来的！

抱着马芬冲回戈登的车，告诉他情况。暗暗猜想那一刻他一定恨不得把我掐死。不过我给了他马芬，而且带他走了一条去学校的最近的路（他和我住同一个镇，此前都是从另一边去学校的，绕了远路），他应该感谢我才是，事实上他也确实说感谢了。路上还找我要马芬吃，我也吃了一个，管他呢，太饿了。

在赖萨家，大家边吃着、喝着、听着、说着，边讨论荣格，讨论古老的炼金术，甚至听老师讲了一点易经。每个人都认真参与，积极发言、提出疑问、表达见解。一个多小时后，我们停下来休息。赖萨带我们出去转了一下，参观她的花园兼放松。我们在她苹果树上摘了脆甜的苹果边啃着边跟着她到处转。

回到屋里，大家找个舒适的位子坐/躺下，边吃着起司蛋糕，边看电影。电影名字叫*The Secret of Kells*（《凯尔经的秘密》），非常棒的一部动画片，表述了自性化的过程，我们学的几门课的很多东西都在里面。

星期天的《生态心理学和萨满》（*Ecopsychology and Shamanism*）课上，我们的教授（印第安人）莱斯利给我们每人一张特别的小纸条，让我们在上面写下自己需要丢弃的或需要获得的正负能量，她和助手给了我们一支prayer arrow（一种植物）茎干，在她带去的各种鸟儿羽毛里选择两支，然后用她课前要求我们带去的3种自己喜欢的颜色的毛线，以自己喜欢的方式装饰包裹整个茎干，把那张小纸条绑在顶端，最后加上各种植物和水晶石（植物和装饰好的水晶石全都是她自己带去的，我们自己选喜欢的用）。

做好以后把它们拿出去插在地球上，自然的神灵和我们的祖先会帮助我们实现心愿。

每个人还以触摸的方式选了一颗纯净但尚无能量的水晶石，然后莱斯利的助手带我们走出教室，去到校园湖边一片小小水域的地方，用她传授的神奇印第安萨满的方式给水晶石注入了能量。现在我拥有了一颗具有神奇能量的水晶石，它是我的护佑神和指路灯。

在课上，我们有一个活动，绕着她用大鹅卵石围起来的Medicine

Wheel（医药秘轮；魔术环）慢慢行走，最后停在一个你最喜欢的方位（Medicine Wheel的四个方向东南西北分别代表春夏秋冬及各种能量），向那个方向所象征的能量提出你心中最想知道答案的问题，看看它有什么能够呈现给你。

我本能地选择了东方，当我闭着双眼默默地提出我的问题后几秒钟，我后院那棵苹果树清晰地浮现在眼前，那一棵我们既不浇水也不施肥的苹果树，静静地向我交替展示它四季的变化。我猛然间再一次意识到，自然的力量是多么强大！

它赋予生命神奇的能量，使它们以自己的方式、自己的节奏向世界展示力量和灿烂，享受属于自己的甘醇和甜美，如果你能让自己深深扎根于自然，与地球母亲融为一体，你的生命将会焕发出无与伦比的光彩和丰盛！

在美国读硕士，学习和研究的方式丰富多样，我们不仅从大量的阅读和讨论中获得知识，也从各种实践和活动中学会与自然交流，一棵树、一片草地、一朵花儿、一只鸟儿……和它们对话，倾听它们，你真的能听见，它们真的会对你有反应，会帮助你看清自己的内心，找到平衡和快乐。我这个在城市的钢筋水泥里长大的人现在越来越多，越来越惊奇地发现这一点了。我实习的农场里的动物们也教会了我很多！

很感谢自己爱记录的这个习惯，不然哪里看得到这颗苹果树的变化（我拍了很多它在不同季节的照片）？我深深地爱它，我有时会走到它旁边，和它说话。杰夫也同样爱它。

我没有为它浇水，没有为它施肥，它却为我开出美艳的花儿，结出吃都吃不完的脆甜果子。一年又一年，自然母亲滋养着它，帮助它为世界献出营养丰富的甜美果实。生命就是在大自然的滋养下一步步绽放和丰美灿烂起来的。

## 犹如初夜的感觉，疼痛和高潮并存
## ——文化shock中的我

生命中总有一些能承受之重和不能承受之轻，总有一些狂风暴雨及美丽彩虹。

第二学期《神话传说及其象征》课上，新教授玛丽要求我们做一点自我介绍，主要针对她，因为同学之间已经很熟悉。不过她说你们仍然可以说一切想对我，或者对在座的其他人说的话。大家做完自我介绍之后都谈了些自己的心里话，关于这个硕士项目学习，关于自己生活里的困惑或开心。轮到我时我说："千头万绪我不知道从何开始，不过最想说的一点是，我参加这个学习，既极大地给了我快乐，让我开了眼界，也是个较为可怕的错误，我上学期末的最后两三周，几乎抑郁（depressed）了，甚至有那么一两个时刻，感到生活失去了乐趣和意义……"

边说着，边感觉泪水在眼眶悄悄集聚，拼命想忍，最终没有忍住，滚滚热泪顺脸颊滑下，我低下头，听见有同学轻声说："Oh Jessi！"

课后有同学来安慰我，鼓励我；教授在教室门外叫住我，让我和她去办公室交谈，希望能给我一些精神上的支持和帮助；有位女同学走过来蹲在我面前真切地看着我说："Jessi，你的故事非常打动我，知道吗？我一直认为你是个坚强能干的女人，你很了不起。你以后如果想逛街，或者闲聊什么的，给我打电话。我很想和你多待一待，了解你更多一些。"

我对他们说，非常感谢，生活奉献给我美味，也会有时赠予我一些苦楚。经过了那一段可怕的时光我才知道自己的承受力有多强，或多弱。现在我已经几乎走出来了，他们的关怀更让我领略到生活的甜蜜和芳香，意义和希望。

坐我旁边的凯文也流了泪，不过不是因为我的故事感动了他，而是因为他父亲在圣诞节时去世了，却没有能够见到最后一面，没能陪他走完最后一段，他说，“我现在有时候非常愤怒，但不知道是对谁，或对什么。”

曾在我们荣格心理学理论课教授赖萨的办公楼沙盘室（她不是专职教授，而是荣格心理学家，咨询师）体验时，我做了第一件沙盘作品，感觉那一次体验对我的内在成长很有帮助，也让我在写论文时有了非常有价值的材料可供参考和分析。

完成的沙盘作品，当时拍了照片保存。时隔一年我找出它，再仔细观察，当时没有全部看出的东西突然在心里浮现出来：整个沙盘内，被我用各种东西几乎填满，不管是陆上还是水里的。我所选的玩具几乎全是大自然里的一切：太阳、各种植物、蛇、巢里的小鸡（或幼鹰）、鱼、虾、乌龟和恐龙，唯一人造的也是几栋位于乡野的木石房子和大木桥。很奇怪的是左边还有一个看起来像张果老的大额头长胡须老头，这也许是我意识深处中国情结的无意显露。

一切看上去很拥挤，既有些秩序（沿河而排的树木），也有些混乱（散排的恐龙和河边的“张果老”），象征我内心开始转换的过程。那是在2012年的2月前后，我读硕士的第二个学期。

从中国来到美国，经历各种文化碰撞，然后参加这个硕士项目，学习人性，研究人格，我的内心被强烈冲击，过去的生活和文化影响，今天的生活和文化影响，记忆、经历、感受、思想……全部熔于一炉烹煮。我惶恐于旧有观念的溶解和崩塌，迷惑于崭新价值体系的入侵；我扭头回望，又抬头前瞻，何去何从，内心煎熬。

不过这煎熬并不可怕痛苦，因为我最终顺从内心，决定向前，看到了前方更加美丽的景色，更广阔的世界。那是梦中一直向往的，因此这煎熬里，痛苦混合着欣悦的快感，犹如把初夜献给心爱的人时的感觉，撕裂的疼痛和极致的高潮奇妙地混为一体。旧我死亡新我诞生，虽然新的生命更加血肉丰满灵肉交融，可那一刻鲜血和体液混在一起，却是浑浊和混乱的，并不清新有序。

人的一生，总是有高峰也有低谷，有平坦大道也有崎岖小径，怎样把生活给我们的一切痛苦和折磨炼化成金丹，滋养我们的生命，达到与自然、宇宙及自己的内心和谐统一，这是我们正在学习的东西。希望我和凯文，都能通过在这里的学习，得到足够的成长以应付我们内心的消极面。

在我的梦里，常常有水和鱼。水作为生命之源，地球母亲的乳汁，是所有生物不可或缺的，而水里的鱼和各种生命常常让我觉得神秘神奇和敬畏，非常着迷，梦中常有在浅水戏鱼和深水捕鱼的各种欢乐。学了荣格深度心理学之后才知道，他把大海大河比作人的潜意识，其中鱼的象征之一就是集体潜意识的内涵，是我一直努力工作想要带到意识中来的东西，难怪我会这么本能直觉地深爱荣格。

照片里，沙盘上方有树林和恐龙的部分，应该是我的潜意识部分，占整个沙盘很大空间，下方是我的意识部分，只占了很小空间（恰如荣格所说：潜意识之于意识，就像水面上的冰山，巨大得多），中间隔着一条流向大海的河流，我用一座桥把它们连接起来了，表明意识和潜意识已经开始建立通道，转化进程已经启动，我踏上了探索神秘原始的潜意识之旅，试图从那个世界带一些东西回来（或者从这个世界把光带进去）。

从那时到现在这一年内，我的内心变化是惊人的，虽然在完善人格的自性化道路上仍然还有漫长的路要走，但我清楚这个沙盘里的拥挤和混沌已经再也不会出现了（当我仔细看它时，心中暗暗惊叹，当初居然会有如此多的东西填塞在心灵中，几乎没有多少空间可以使用，这样的内心，堵塞严重，变化和发展的可能性都很小）。一年之后第四学期，神经心理学教授克丽丝又给我们提供了体验一次沙盘的机会，这一次我再没有以如此杂乱的方式挤进如此多的玩具，这一次的沙盘比一年前的干净有序，美丽得多。

## 完美解决实习难题

想不到网上都在喊难的国际学生实习问题我很顺利就解决了！

第三学期，我们的课程里多了一门专门的实习指导课，教授负责提供信息和解答问题，当然，去哪里实习，是否被人家接受，那就靠我们自己的兴趣和能力了。因为实习不规定在哪里，必须做什么，只要是一切与人的心灵发展，与自然和谐的工作都可以；只要能真正地从实习场地和实习过程中学到对专业有帮助的相关知识和技能。

实习时间大概100个小时，每个月开始的前两周周四下午，需要回学校集中讨论实习中遇到的问题；与此同时，其他课是一直要上着的，系主任说了下学期会非常忙，课程会非常重，所以如果可以的话，我们最好在夏天假期开始实习，这也是我求之不得的。

2013年1月，春季学期开始前的一天上午，我发邮件给想去的一家机构创建者卡洛，询问去实习的可能性（同时附上我的简历）。没想到两小时后就收到她的回信："可以来一趟我们先谈谈吗？"我明白这是要先面试。她在回复中列了几个时间让我挑选一个去谈。我惊喜地挑了最近的一个：那周的周五上午10点。杰夫那天下班后马上开车带我跑去看了一眼她的办公楼所在地，熟悉一下线路。

这是一个由政府资助的机构，卡洛在20年前创建它时的初衷是为了收养和保护受伤或无家可归的动物，后来作为心理学硕士的她发现动物对所谓的"问题儿童"有帮助，而孩子们无条件的、不戴有色眼镜的爱对动物也极为有益，所以最终她把这个地方变成有动物、有种植场地的农场，成为帮助受虐儿童疗愈心灵创伤的一个活动场所，所以这是我梦想中的实习地。因为我的最大兴趣就是Animal assistant therapy（用动物辅助矫治早期心灵受过伤害的孩子）。

周五上午9点半，我独自驾车上路，顺利找到她的办公楼，前台工作人员电话告知她时发现她在和别人通话，就站起来去了办公室直接告诉她我来了。这期间有一对青年男女进来交表格和简历给另一位工作台后的女士，他俩是想来做志愿者的。一会儿那位工作人员出来说，“卡洛还在打电话，请稍等片刻。”我每天早上要喝很多水所以马上乘机询问哪里有卫生间，等我出来时卡洛已经在前台等着了。看见我，她温和地迎上来笑着问“Jessi？”我说：“是我。”并伸手和她相握，说很高兴见到她，感谢她给我这个面试机会。她笑着说：“来，跟我去办公室。”

办公室里除了资料和桌椅板凳，还有个帅气的高个子男人，和一个可爱的儿童床。男人叫内特，是这里的经理；堆了玩具的儿童床是小狗狗的，里面有一只黑色的拉布拉多幼犬，才三个月大。

就这样，创建人和总经理一起面试了我。整个过程我不慌乱，自在、得体、充分表达和表现了自己。Just be myself。最后我当场得到答复，他们接受了我，我可以任意时间开始。我表示如果可能，希望能在5月初开始，因为现在接近期末，学校功课越来越紧了。卡洛笑着说：“没问题，正好夏天我们有一个稍微不同的时刻表，你就不用再重新适应了。”

然后卡洛和内特带我参观了动物和种植区。动物有牛、马、绵羊、山羊、美洲鸵、狗、猫、鸡、鸭等很多种，还有一头被狗咬掉耳朵的叫作“梵高”的猪。身为经理的内特了解所有动物，他告诉我，这里所有的动物都很social（意为喜欢与人交往），都像狗狗一样和人很亲近，有的很热情，有的较羞怯。他带我看了每一只动物，他能叫出它们每一个的名字，说出它们各自的特点，我感觉那些动物就像这个英俊男人的孩子，他爱它们、疼它们、尊重它们。他帮黑猪打开围栏的门后专门进去给大黑猪指点了一下，说：“现在门开着，你想出来逛逛或者待在这里，随便你啦。”

申请实习面试成功那天是我踏上美国土地三周年的纪念日，这是个完美的礼物。我说不出的开心，也为自己骄傲！因为，这段时间是我内心剧变的一段日子，伤痛混合着喜悦，泪水里绽开微笑，凤凰浴火，蚕蛹化蝶，我经历了又一次重生，困惑多年的我是谁，我经历了什么，我的伤痛从何而来，我真正想要的是什么，现在有了一个突破性的进展，虽还达不到彻悟，但至少我找到了方向。无法表达内心的喜悦！感谢命运带我走进这个硕士课程，感谢教授和同学们给我的帮助，感谢我亲爱的老公对我梦想的支持，感谢我的体验咨询师对我的启发。

# 行走在北美：我生命的里程碑

2012的3月下旬到4月初，是一段无法忘却且必须记录下来的时间。

我阅读、思考，做梦、分析，生活、体验。赖萨理论课的一篇34页文章*Dread Dragon*，我竟然读了三天，因常常无法控制地停下来仔细思考，再加上课堂上发言、聆听同学和教授的见解，与杰夫讨论、向咨询师诉说……一切，丰富和照亮了我，最意外而开心的，是找到并对话内心小孩。这是我生命的里程碑。关键词：宽容、理解、放手、给心自由、未来。

一直记录自己的梦，一直分析自己的内心，独自，或与杰夫讨论，或在学校梦的分析课上分享，并倾听、参与分析他人的梦，一步步走出迷潭，内心渐渐变得明亮充实。有天夜里做了个梦，梦中的母亲年轻而好气色，穿着漂亮的藏青风衣，给我带来大堆美味零食。次日记录下来后，思索了大半天突然醒悟。晚上和杰夫分析，有感悟也有伤痛。然后百味情绪潮水般汹涌上来，告诉试图安慰的杰夫，我需要独自待一下，请他出去。他走进车库之后，我放肆地痛哭一阵，眼前心中均明亮清爽了许多。

蚕蛹化蝶凤凰涅槃，我，再次重生。

尤其重要和奇妙的，这次真实地找到了内心小孩！我能看见她，感受到她，她真实地陪伴我，那天开车去面试实习的路上竟然和她交谈！以前以为找到内心小孩不过是一种类似心灵仪式而已，我曾在以前一篇博文里说过找到她，不过那只是那一次，然后再无法联系她；

而现在可以在心中一直真实感受到她，看见她。不管做什么，在哪里，都不再孤单，温暖而满足。保护她，有她陪伴，有一种无法描述的美妙感觉。

前段时间，在玛丽的《神话传说与象征》课上我们看了一个录像，讲的是一群少年进入18岁成人世界之前,参加一个活动,三或四天/夜，无任何食物，无对外联络工具，只是自己和大自然。

这是一种仪式，叫“rite of passage”，指为人生进入一个新阶段如出生、命名、成年、结婚、患病、死亡等而举行的仪式，在加州非常流行，通常在人生的重大变化或期望生活有所改变时参加这个活动，让人完全和自己的灵魂、和大自然在一起，对话，体悟，发现，重建人与自然的联系（人和动植物一样，本来就是自然的一部分，而现在，我们大多数人已经完全忘记了这一点，也无法体验到与自然母亲的连接，所以，我们身体虚弱，心灵虚空)。

纪录片中，孩子们对生命意义的崭新感悟，对和家人关系的重新认识，对自己与世界联系的更深体验，以及指导老师对他们充满了爱的引导和分析，非常感动人和启迪人。当时课上，可以听见同学们被深深打动后的啜泣。

一个周五的课上安排了这样一次活动：earth walking或vision quest，我简单把它叫作野外行走。在靠近海滩的山里，每个人背着水、可以坐的东西、笔和本子向深处独自走进，远离他人。我们只是体验一下，独自一人的时间只有三小时，然后回来分享自己的自然之旅和背后的心灵故事。

这次我还是和戈登一起驾车去的。除了与全班分享部分心得和过程（因为时间关系，玛丽说我们可以下次课上继续分享，或者与班上同学私下分享），我和戈登在回来的路上分享了各自的更多故事和感受。我的是有关最近的心路巨变，他的是有关新交女友，都在人生的重大转折点。

同学F发了位于加州的3个相关网站给我。其中一个网站这样描述：当一个人跨过起始界线，走进未知的自然后，所有的界线都开始消融（这里指当代人已经不知道自己其实本属于自然，在人与自然之间建立了种种界线），我们的视野变得开阔。自然以岩石、树和风的语言和我们交谈，一切都被赋予了新的意义。沿着祖先（古老）的这条仪式通道，我们真切地看见了自己的本性，记起了我们最初的家（自然）。我们的心灵和人格变得如刚出生时那样完整而纯净了。

谈到自己的意向时，我说，我的生身母亲已经不在人世，我的祖国也远在万里之外，所以，今天的目的是为自己在北美这块土地上找到新的养料和依靠，找到新的力量扎根这块土地，生长出繁茂的枝叶、艳丽的花朵并结出累累的果实。

出发前，走到男同学凯文面前说："可以再摸摸你的头发吗？"他微笑着低下头来轻声说："没问题。"我一直喜欢他的头发，深金棕色，微长，不管是发型还是发丝，都非常迷人。我伸出手指插进他的发根，轻轻地揉了几下，微笑道谢。他的头发，柔韧中有着美丽迷人的气息，也有着男性的坚毅和勇气。这是属于我的仪式，对自己的祝福和鼓励。

出发时，教授玛丽用一束特别的植物燃烧的烟在我身体前后从头到脚轻绕一遍（给每个人的祝福和赋予勇气的仪式），然后我抬脚跨过她用树枝围成的界线开始我的旅程。那一刻，眼泪涌了出来；那刻起，没再说话，对迎面走来的人只挥手，微笑。我把自己完全交给了这块新的土地，交给了地球母亲。

我们先在旅客中心集中，中午12点出发。走了大约半小时到一个特定点开始单独活动，三小时后回到原地再集中。出发前教授玛丽要求我们每个人保证：照顾好自己，按时回来。

我在浓密的丛林和深深的杂草中待了1个半小时左右，观察、冥想、在本子上记录，然后带上随身物品继续前行，大约10分钟之后，眼前一亮，来到一个开阔处。几乎同一刻，我看见了一株巨大的花旗松。它的巨大和无数尽情舒展开的枝条惊呆了我，瞬间攫住了我的心！它如此壮美，至少四五个人才能环抱住它的树干，它那些伸出去的“大手臂”有几十米长。我的心充满了敬畏，泪水再次盈眶，手中的物品滑落地下，我走过去，伸开双臂全身紧紧贴着它，向它表达我无法言说的爱和膜拜。然后，我在它旁边空地上的阳光下坐了一个小时。

在这次活动中，大自然给了我许多深深的启示，让我对自己的过去有新的体味和理解，对正在学习的东西有新的认识和感悟。例如阴影，例如平衡，例如死亡带来新生，例如世界由相对的两面构成——黑与白，阴与阳，昼与夜，软与硬……（其实这也是我们古老的《易经》里早已阐述的道理）

回到出发点。现在的我和早上出发时的我已经不一样了，少了背包里的沙拉（被吃掉）、水（被喝掉），多了那巨大的花旗松的一簇枝条和一朵美丽的野花，而更重要的是，我的内心，被填充和置换了。

## 与邻居男人的第一次见面，我竟是如此惊恐和慌张

2011年11月底，深秋季节，刚搬新家的第二天上午，我看了一会儿书完成了一些作业，下午把搬家时打包的箱子打开几个整理了一下，决定洗个澡然后做饭。

我楼上楼下三个浴室查看了一下，心想以后主要在主卧室的浴室里洗澡，今天干脆体验一下小妞的浴室。我走进去，脱光了衣服，站在浴缸边打开水闸开关，马上听见了哗哗的水声，却不见有水从淋浴头出来。奇怪了！困惑地扭头看看洗脸池水龙头，也没有水出来。心里有一种莫名的不好的感觉，伸手关掉淋浴开关，水声停了。怎么回事呢？我再次伸手拧开，还是一模一样的情况发生，我正站在那里百思不得其解，感觉到脚下有水漫过来！

心里一惊，两步跨到洗脸池旁边弯腰一看，下面的水管破裂，手臂粗的水流正汹涌喷出！天哪，水都从这里出来了，怪不得只听见水声不见淋浴头出水！我赶紧拽下墙上的几条大小浴巾扔到地上吸水，并把脱下来的衣服也堆上去，因为这时水已经开始漫出浴室向楼梯流去了。这个家里，除了厨房和卫生间，全是厚厚的地毯！

因此前全是杰夫和工人们在装修，我还来不及熟悉新家的结构，根本不知道水闸的总开关在哪里。我冲进卧室，抓过手机给在外面买东西的杰夫打了电话，让他赶紧回家，然后扯了一条长裤和一件外套匆匆套上，光着脚冲下楼奔向车库。按开车库电子门后，向左

边的邻居家跑去。我听见过这家男主人麦克和杰夫在车道上的交谈，杰夫告诉过我他的名字，这是我唯一知道一点信息的人，所以没有犹豫直奔他家。

敲开麦克家门，急匆匆告诉他发生的事，希望他帮我找到总闸关上。他马上跟我出来，我赤着脚在他前面跑，来到车库门前却意外发现：门关上了！我没有走前门，所以前门是锁着的，而现在车库门也关上了！我急得直叫："Oh No! Why（噢，天哪，怎么搞的）？"扑上去使劲扳一个墙上的盒子，记得那是我们新安装的电子密码锁，可扳不动，打不开。

麦克非常镇定而不解地看着我："你在做什么？"

我说："我是从车库出来的，怎么现在门被关上了？"

他说："那是我家车库……"

我扭头一看，我家车库在五米外的左边，门大开着……

直到今天，每每想起那惊慌的一幕，都忍不住想笑，又感觉有些惭愧。我和邻居男人的第一次见面竟是如此狼狈：头发乱七八糟挽着还是披散着，记不得了，总之不会是很整齐优雅的样子；裤脚一边高一边低（套上的长裤是穿高跟鞋时用的，当时光着脚所以胡乱挽了几下）；深秋时节里没有穿鞋子；一脸惊慌失措的表情……

那时候，快到期末了，阅读资料和论文写作的任务更多，全班的压力都很大，对于英语不是母语的外国学生来说，我的处境更可想而知。加上搬家前的粉刷、消毒、清洁、打包等，非常疲劳。那段时间，我情绪低落到极点，睡眠极差，在精神和体力都透支的情况下，我的失态，我那天狼狈的表现，完全不是意料之外。

事情如果发生在今天，我绝对不会如此惊慌失措狼狈不堪。一是经过这几年的学习、磨炼和自我调整，个人已成长很多；二是已经度过最艰难的时期，以优异的成绩完成了心理学硕士学习，压力已让位给自信和满足感。

看见微博上的朋友们说我拥有“强大的正面能量”，影响了他们的生活甚至改变了他们的人生时，我有些感慨。其实我不是一直拥有这个能量的，有时候也会突然失去所有的能量，陷入软弱、几乎无力自拔的困境。但是只要相信自己，相信生活，及时自我调整并努力寻求外部支持，正面能量最终还是会回来，给我们勇气和能力应付生活中的难题。

## 在课堂上向男同学告白
## ——活出真我的勇气和精彩

2012年4月26日是超级长的一天！累坏了，不过也非常兴奋。我的presentation（美国大学里常用的一种陈述/演讲形式）弄哭了洛宾，她说太打动她了。史考特说，论文之夜我绝对还会弄哭很多人。大家评论都说非常感动，这次不用修改了。今天在课堂上，我还对凯文做了“爱的告白”，结果是，他说想要个中国新娘了。

那天的课上，我和凯文以及其他两位同学做了毕业论文presentation练习（12人小组分3次课练习），大家给每个人提出意见或建议。如前所说，我的表现得到师生一致肯定，非常兴奋。

当凯文做完他的presentation，大家提完建议之后，他准备回到座位上，我说：“凯文，等等，我有些话一直想对你说。这也许是最后一次机会了，因为马上毕业，大家这样聚在一起的时间不多了。不过希望不要误会，这可不是爱的告白。”

全班包括系主任（硕士项目创建人、总负责人）洛拉，都笑了，然后迅速静默下来，极有兴趣地看着我，不知道我要演哪出戏。

我环视了大家一圈，扭头看着凯文的蓝眼睛，开口说：“凯文，几乎从第一次见到你，我就被你身上的一种东西吸引，也许是你音乐家那略微忧郁的气质，也许是其他一些东西……”他笑了：“也许是阿尼姆斯[①]？”我说：“是的，感觉应该是你至少符合了我内在阿尼姆斯的一部分。此外，大家都知道，我喜欢你的头发。”听到这里，洛拉一脸坏笑地说：“Jessi，这就是爱的告白啊！”我嬉笑着反驳：“才不是，只是因为他的头发给我的感觉。还记得吗？去年在玛丽的自然行走课上，我是以抚摸凯文的头发作为我旅程的开端的。”（见前文）

我这一说，大家都想起来了，纷纷点头：“噢，对的对的！”

凯文看着我：“Jessi，既然这是‘告白’，我可以说几句吗？”

我点点头。

他说：“你知道，我喜欢你的presentation（我完成时他确实说过非常好，love it），刚才听你说到最后，我突然觉得，我应该给自己找个美丽的中国新娘了！”

这可是对我的极大肯定和恭维啊！我们一起笑了。我说，没问题，我可以帮他找。

回家后，我把这事向杰夫做了坦白。他开始略有些紧张，不知道我要对凯文“表白（我当时用的是confession——告白/表白）”什么，听完后笑了。

向凯文的告白，不是必要（我可以把对他的喜欢埋在心里），但我还是想做，所以我就做了。纵观我的成长历程，这事对于我有别人不一定能理解的重要性。我的家庭教育方式（其实整个中国的家庭和学校莫不如此，这是中国文化的骨髓），受极为严格传统的儒家

① 阿尼玛与阿尼姆斯是荣格提出的两种重要原型。阿尼玛原型为男性心中的女性意象，阿尼姆斯则为女性心中的男性意象，是女人心灵中的男性成分。

思想指导，我年少时极为心软甚至懦弱，并且不得不抹杀自己的天性，扭曲自己为适应残酷的集体规则，皆是因为这种极度压抑人性的教育方式而致。今天的我再不想过得那么憋屈和变形了。现在的我，感觉自己活得越来越真实、轻松和自在。回顾我的成长经历，虽然也许不能说完全脱胎换骨，但是，至少已经和原来的我，巨大巨大地不一样了。

我爱自己。我爱世界。

下篇

# 斑斓美国，地球另一面的风景

我们只有一次无法回头的生命之旅。读万卷书，行万里路，阅人无数，人世美景悉收眼底，世间温暖尽藏心中。这单调的一生，便能焕发出异彩来。

## 刻在皮肤上的人生——文身

初来美国时，文身在国内还不是很流行。那时候，文身似乎是“古惑仔”“小混混”的专利，人们只要见到有人文身就会先入为主地觉得他不是什么好人，避而远之。

到了美国，马上发现危机四伏：街上随处可见文得花里胡哨感觉良好的男女老少。有的只是某个部位一个特殊的小图案，有的则文得满满的两条大花臂。有的文着大花臂的人脸上还会有一些穿孔，鼻环眉环唇环之类的，让他们看起来更加“狰狞”。

每每看到这样的人，我总有些戒备，也有些好奇：他们到底是什么样的人？难道满大街走着老混混小混混女混混男混混吗？

直到我和学校艺术系的一个男生深入交谈之后，才对文身以及带着它们的人们有了进一步的了解。

当时那个男生就坐我旁边。初看见他时我着实吓了一跳。

大概二十五六岁的样子，高高瘦瘦，穿着一身黑色带骷髅的衣服，整个人布满了文身。

头发全剃掉了，脑袋上文满了图案。文身从头顶一直到脖子、到肩膀、到手臂、到手指、到大腿、到脚背，全身裸露的地方几乎没有一处能见到干净的皮肤。他的脸也装饰得很全面，穿了很多孔，戴了各种环。眉环让他看起来总是像在瞪人；两个鼻孔中间的鼻环让我想起地里被绳子牵着鼻环的牛儿；而挂着耳环的耳垂上，那洞已经扩张到可以塞下一个一元的硬币，我看着都觉得自己的耳朵有一种莫名的胀痛感。

他在那儿随意而自然地坐着，我却连喘气都开始小心，身上有一丝寒僵的冷意。这样的视觉冲击和心理冲击感实在太强烈了。

恰好我的语言课老师布置了一项课后作业，是要求去随机采访一个人，然后写一篇文章，关于美国文化我们最感兴趣的那方面。我立马想到了这个男生——文身、穿孔及其所表现的艺术，便是我那时最有兴趣的美国街头文化。在国内循规蹈矩的生活让我对此有着强烈的好奇心，这些从来不敢亲自去体验的事情让我很是着迷。

有一天下课后，在图书馆门前正好遇到他，我鼓起勇气问："我可以采访你吗？"然后便向他解释了原因。他听完后酷酷地说："你在学校咖啡厅等我吧，我随后就到。"

我怀着激动又有些忐忑的心情拉上小妞一块儿来到了咖啡厅。

10分钟之后，他果然到了，手里拿着一杯咖啡。放下画板和书包在对面坐下。然后转过头来对我们展颜一笑。那一笑令我瞬间愣住。身体里的微寒被一种暖而松快的感觉迅速驱走。

一张布满墨水和图案的脸竟然因那一笑，透出一种阳光般的色彩和温暖。让他瞬间从一个有些令人恐惧的混世小魔王变成一个纯真漂亮的孩子。我回他一个自然而开心的微笑，开始仔细打量他。这才注意到他的鼻梁高挺俊秀，淡蓝色的眼睛透出孩童般的清澈。

他俯身把双手交握放在桌上，抬头看着我问："嗯，你都想从我这里了解些什么？"

他的随和让我放松了很多，我们的谈话也变得渐渐有趣起来。他告诉我，他叫安德鲁，是一个文身师，他的舅舅也是个文身师。安德鲁从小就对文身有一种特别的迷恋，12岁时就尝试着自己在手上完成了第一个文身。

说到这里，他把手伸出来给我看那个12岁少年的处女作：手背上一个歪歪扭扭的小太阳图案。那个时候的文身技术还没有那么发达，也没有电动仪器，只有一支文身针和墨水，所以小太阳图案略显粗糙，颜色也从藏青色褪成了墨蓝色。

他微笑的眼睛满足地闪烁着明亮的光："从那以后我就一发不可收拾了。嘿，告诉你，文身是会上瘾的，当你文了两三个以后，你就会开始想要文更多。对于我来说，文身就是一种艺术，一种表现我自己个性的东西，它们也是我记忆的档案夹。每一个文在我身上的图案都有特殊的意义或者一段故事，每次看到它们，就会让我想起人生中走过的每一步。也许有一些人会认为我太疯狂了，但是我喜欢。我喜欢这样的疯狂。"

他的话给了我很大的震动。是啊，每个人都应该，也可以用不同的方法展示自己，只要自己喜欢，何必去在意别人的眼光？别人的眼光杀不死你，而太在意别人的看法而无法找到自己、活出自己，才是真正会杀死你的东西。如果一个人仅仅以外表来判断人品的话，他也是肤浅的，不值得在乎和向其证明任何东西的。

安德鲁的话也让我反省了一开始以貌取人地觉得他不是好人的想法。他其实只是个爱文身的年轻人，以他自己的方式诠释了属于他的人生。他不是坏人，不该被贴上任何不实标签。

随后他让我仔细观察了他脸上、头上和手上的文身。我在他后脑勺下面看到了一个模模糊糊的英文名：Maggie。感到一定有个浪漫的故事。

一问果然。他哈哈大笑着告诉我，那是他的一个前女友。当时一冲动就文上了，结果分手后也没来得及处理掉。

“我想我会找时间把它用其他东西盖掉，或者我以后只能找叫Maggie的女孩做女朋友，并告诉她：你看，我身上已经有你的名字了，我们是注定要在一起的。”

我和小妞也大笑起来，气氛变得非常轻松和愉快。此时的安德鲁看起来一点都不可怕了，甚至变得很可爱。

他告诉我，如果我的文章需要更多的信息可以随时联系他，他都会很乐意一一给我解答。

末了他给我写下他工作室的地址和电话，并告诉我们如果哪天也想要文身的话，可以去找他，他一定会给我文得非常漂亮。“放心吧，现在我的技术已经非常纯熟了，不会给你们文得像我12岁时自己文的小太阳那般歪歪扭扭、粗糙不堪了。”

那次的采访经历让我对美国的文身文化有了更深刻的认识。之后碰到了更多文身爱好者，他们的观念也都是大同小异，文身对于他们来说就是一种艺术，一种特殊的记忆方式，一个他们人生中的故事，一种他们对自我体现的表达。

据说现在文身在国内也普及了很多，人们慢慢地接受了它，当然主要是年轻人。在美国却常常能看到满头银发的文身老人，男的整条手臂和肩膀，女的后背或者脚踝上，都文满了东西。那一幅幅无声的图案鲜活地表述着曾经年少轻狂过的岁月。

有些人认为，老了以后文身部分的皮肤会起皱变形，看起来很丑，所以不肯尝试。我也曾就这个问题问过一些文身的老人，他们却笑笑，不以为然地说，文身在他们身上已经美了几十年了，价值已经充分体现了；现在和他们的皮肤一起老去，纵然不会有从前那么好看，他们还是会欣然接受这样的结果。

## 在约会、酒精、大麻和性中沉沦或升起的年轻人

周末，街道斜对面租房的大学男生们开party，轻快的音乐和浓情的歌声流淌遮罩了半条街。一辆辆车开来停靠在路边，身材修长或壮硕的女孩们穿着比基尼从车上下来；男生们拿着乐器仅穿沙滩裤从屋里进进出出。热辣辣的阳光洒在他们年轻的脸上，一股放肆的、疯狂的、自由的气息扑面而来。邻居米尔在对面院子前，大声喊着杰夫笑说往日时光，我哈哈大笑：老东西们羡慕嫉妒恨吧？不过至少你们也疯狂过啊。

那房子，周末清晨常有女孩被男孩送出门亲吻，钻进车子离开。我看了对杰夫感慨："真羡慕现在的年轻人啊，他们尽情地玩过、疯过、享受过。我的青春岁月却是一片苍白，无色无味无趣。"

造成这个差异的，不仅仅是时代不同，也是社会和文化的差异。当然，今天的中国在很多方面已经和美国一样甚至超过美国，好坏不予置评，只想说，世界的每一个角落都有着有趣的故事，有些故事和我们身边天天发生的，确实不一样。

在一个月朗星稀的春夜，野地里蛙噪虫鸣，天空中不时掠过起降旧金山和奥克兰的飞机，偶尔流星划过，太平洋的风挟着一路沾上的花草粉伴着簌簌的枝叶欢唱阵阵掠过，我裹着暖暖的毯子坐在摇椅里，如往常一般和杰夫坐在后院宽大的露台上聊天，边不停甩出因吸到草粉而致的过敏喷嚏，边兴趣盎然听着杰夫讲述他年轻时

的“荒唐”往事。

故事从我白天看到一篇相关文章而问起的问题开始。他14岁时被街坊17岁女孩看上，跟他“约炮”。童男杰夫“破处”那晚声势浩大。他被几个关系密切的男孩簇拥着，走到女孩指定的地点，陪女孩等候的伴儿和陪杰夫上“杀场”的哥们儿作鸟兽散，留下他惨被“糟蹋”。我问：“14岁的小屁孩，当时感觉如何？”他说当时确实很激动，但过后却毫不留恋，因为那女孩喜欢跟男孩发生关系，大家都知道这点。被她选上只是幸运，因可免费开炮，有个机会尝试一下那已经独自琢磨了很久的“事儿”。我叹真可惜，在我的文化里，这宝贵的第一次无论如何也应该留给自己最爱的人啊，而你的第一次却如此无意义，他则微笑摇头表示没有那么严重。

我那时还有一个本能反应是从母亲的角度为那个14岁男孩担心：“你禁果一尝无法收拾了吧？以后还不天天惦记着这事儿？还有其他女孩愿意，或者你有勇气去找她们这么玩吗？”他再次笑着摇头：“没那么可怕，情况其实没有那么随便的。那时候的父母还能管得住女孩，我们也比较羞涩。14岁有性体验算较早的了，据我所知，一般男孩是16岁左右开始有sex。我那时最大兴趣是弹吉他和组建乐队，且几乎每周镇旁边都有我爱的赛车，所以，大概在接下来几周和另一女孩有那么几次，然后就再没有了，直到高中谈了次三四个月的恋爱，却一次实质性的sex都没有过。”

热爱音乐的狗哥终于组建了一支非常受欢迎的乐队，持续表演了十多年，从他高中起到大学毕业后工作，他的乐队一直受邀在各地表演。他告诉我，乐队演出的那几年，确实跟很多女孩睡过。经常在幕间休息时，就有仰慕乐手的女孩来找他们搭讪，话语和表情体态间，已有隐约的欲望在闪烁，演出结束后的“好事”也就顺理成章。说实话，对那些和我毫不相关的往事，我全无半点醋意，反而由衷觉得，那些青春成长期对异性、对性的激情甚或“荒唐”的故事，是他们不受压抑的人性自在发展的证明，非常令人感动，也有一丝淡淡的隐秘的伤感和遗憾，为不曾有过真正青春经历的自己。

他的故事给我一种强烈的冲击：差异太大了！在我们还和男孩子画三八线，异性间连话都不说的年龄，他们却在做着这么自由有趣的探索。这让我再一次看到，不同地域，不同种族，不同文化间的差异是如此有趣。

杰夫曾经是个玩心很重的大男孩，爱弹吉他，喜欢纳斯卡，为高尔夫一掷千金不眨眼。从十五六岁高中起，一直到大学毕业工作后的二十五六岁，10年时间一直在乐队里作为吉他手跨州到处演出；和一帮哥们各自租一辆房车去很远的地方看纳斯卡赛车并露营；逮机会在全美飞来飞去打高尔夫……

玩倒是玩得很痛快，可也耽误了让中国的父母们最关心的事：结婚生子。因为那些疯玩的岁月，加上因为能干和不安分而被派遣或自己跳槽，在17年前最终认准加州。安顿下来之前，他在六七个州十多个不同地方都工作过，完全没有机会安定下来dating（约会）。

我好奇：“青春年少的时期荷尔蒙分泌如此旺盛，没有时间dating你不难过吗？”

他说："No，那个时候每次演出完都有drug、alcohol和sex（酒精、药品和性），我享受都来不及呢。"一脸无怨无悔的满足表情。

他的行为和态度非常典型地表现了美国人生活中的一个重要元素：快乐。

要快乐并不意味着不刻苦学习、不努力工作、不对自己和家庭乃至社会负责，而是他们尊重自己，不受外界影响。在中国非常普遍的回家过年租男女朋友应付父母的现象，在美国人眼里极为荒唐。因为结不结婚、几时结婚、和谁结婚等都是自己的事，作为已经长大成人的子女，父母无权干涉和施加压力。不过十三四岁少年少女春心萌动开始暗恋别人，但因为紧张自卑等不敢表白，美国父母一般会掺和进来帮着追，为的是帮孩子树立对自己性别魅力的自信，这对以后的婚姻幸福非常重要。成年以后谈恋爱，和中国父母一般要等到火候够了才出现，发现不满意再棒打鸳鸯散，可这时生米已经煮成熟饭的情况相反，美国父母一般要先看，不能孩子和什么人恋爱都不知道。正如小妞一说有了男朋友，杰夫马上提议："周末我给你们烤牛排，带他回来一起吃顿饭吧。"他对我说："我要和男孩谈谈，观察一下他的各方面，看看是否是个正直诚实的年轻人，我不放心让女儿和一个我们完全不了解的男人发展亲密关系。"

因为他们尊重自己，因为他们没有外界压力，他们结婚并不是因为父母着急、熟人议论、自己恐惧成为剩男剩女，所以年轻人可以自由选择自己喜欢的生活方式，不必为错过什么而着急或内疚，进而导致"将就、凑合"的婚姻来折磨自己，贻害后代。

美国人和我们一个很大的不同是，他们对待婚姻的态度要严肃和成熟得多。因为婚姻在这个基督教大国里代表着一项神圣的责任和义务，不会急匆匆或勉强把自己交给一个不了解不合适的人。有人说：一辈子那么长，一定要选一个有趣的人一起度过，不然还不烦闷死？所以美国人的征婚广告列举的条件都不是学历、职业、身高等而是喜欢什么样的运动，爱看什么书，有哪些业余爱好等。

因此dating（约会）在婚前变成了非常重要的步骤。在dating中发现对方的兴趣爱好、生活习惯以及床上感觉等都和自己合拍，和他/她即使相守漫长的一生也不会乏味，结婚才会提到议事日程上来，否则，不管同居多少年也许还只是情人而已。那就是为什么杰夫有过那么多女生小伙伴和他玩性，却一直没有娶回一个妻子的原因，他根本没有时间正式dating，了解别人，也让别人了解他。

不过dating时，谁来买单的问题，很多中国朋友问到过。这个要看情况。

因为美国是个移民大国，一般和男人们的原生国家文化影响有关。举个例子，如果中国男人约会女人，基本上都是中国男人埋单，因为这是我们文化里的惯例；而土生土长的美国男人，在杰夫的年代里也是男人埋单的多；而现在的年青一代则第一次很有可能是男人买，出于礼貌和对女人的尊重，而以后则难说，会根据具体情况而不同。因为一两次约会一般看不出对方究竟是不是自己真心喜欢的人，所以女人们也不愿意欠这个人情而在想抽身离开时理不直气不壮。男人也会出于两方面的考虑不会次次抢着埋单。一是他尊重女人想随时轻松离开他而无任何内疚的权利；二是他自己也同样不能确定是否真的会一直与这个女人交往下去，谁的钱都不是天上掉下来的。

虽然年轻孩子们忙着dating，但很多美国人在20岁左右的年纪，并不期待和急于进入一段导向婚姻的关系。他们这个时候寻找的，是一些乐趣、一些温暖，安抚勃发的荷尔蒙，以及刚刚踏入新世界的好奇心。所以dating也不是一定要走向婚姻的手段，很多人在网上认识了，在朋友聚会里见到了，彼此约出来dating一下，找一些乐趣，寻一些温暖，是这个年龄段的大孩子们常做的事。

因为美国法律规定，21岁才是合法饮酒的年龄，刚刚开禁的少男少女们常常彻夜狂欢纵饮，所谓越禁止越诱惑，这也是人类的正常心理。所以在这个阶段，也有很多的drinking（指饮酒）、bar time（混酒吧）和party（也是可以恣意狂饮的时刻）。

提到酒精，很多人马上会联想到“酒后乱性”或“酒精助性”。这种情况在这个年龄段的美国人中确实是事实。一位年轻朋友向我承认：对于他们来说，任何时候，“酒精”差不多总是和“性”联系在一起的。她自己就有过几次“酒后乱性”的经验，但她的感觉是非常enjoy（享受），并没觉得吃了亏，也不要求和她“乱性”的那个男生给个说法或者甚至要对她负责。

她的观点，其实也是绝大多数美国女人的观点。她们和男人“睡”，并不认为是被占了便宜，男人必须因此对她们负责。她们和男人发生性关系，是因为自己也需要，也享受了快乐。虽然社会和父母一直在致力保护年轻的女孩，避免她们成为未婚先孕的小妈妈，但美国的教育里没有“女人吃亏”“睡了就必须对你负责”这点，因为他们不认为女人是一件待价而沽的商品，她们和男人一样，是人。他们没有“结婚前是金奶子，结婚后是银奶子，生了孩子是狗奶子”的观念。

享受性的愉悦和快乐是人类的天性，尤其在青春年少荷尔蒙旺盛的岁月里，过于压抑是很不人性的。不过他们也没有我们想象的那么乱，随便和谁都上床，或今天一个明天一个地换着来。杰夫在乐队巡回表演的那些年，跟他有过鱼水之欢的女孩们，有的确实就是“一炮之交”，而更多的，则是固定“朋友”，等着他来自己的住地或跟着他去别的地方，欣赏完他的演出，再享受他的爱抚。他说大家还是彼此喜欢的，并不完全只是生理需要。

drug（药品，毒品）在美国也是一种比较普遍的东西，年轻人爱尝试的有acid（迷幻剂）、mushroom（毒蘑菇）等，尤其是大麻。当然，大麻在美国大部分地区不合法，只有少数几个州可以持有特殊的证件或医生证明购买大麻；唯一合法公开购买使用的只有科罗拉多州和华盛顿州。不过最近允许使用大麻的州开始呈增长趋势。

关于大麻是否应该禁止一直有争论。一个事实真相就是：大多数美国人都有吸食大麻的经历。奥巴马也承认其年轻时曾吸过大麻，年轻的杰夫在每次表演完常用的drug就是大麻。

关于大麻的危害还有待科学家进一步研究证实。我只是客观地述说大麻在美国的事实。纵使多数美国人都吸食过大麻，也没见这个国家到处是疯子和罪犯，相反它仍然是当今科技和经济最发达的大国。我想原因就在于，美国法律十分健全，80%以上的人有着宗教信仰，这两点保证了一个良好的大环境，让年轻人在成长的尝试和探索中慢慢成熟起来，懂得了什么可为什么不可为，从而选择正确的生活方式。

杰夫很年轻时泡妹泡姐泡吧、抽烟喝酒吸大麻，什么“坏事”几乎都做过，但大学毕业工作后就变成了一个正直、诚实、忠诚、善良、工作勤奋的男人。很多美国人也都这样：年轻时荒唐过什么都去尝试，到了一定年龄能分辨是非、判断好坏了，就会改变自己的生活方式。美国大多数人一旦过了成长期，就真正成熟起来，什么该做什么不该做，心中明镜似的，很少胡来。

如果硬要逆天而行，也必然付出代价。如小天王贾斯汀·比伯愈演愈烈的包括吸毒在内的胡作非为，最终惹怒了一再宽容他的美国民众，截至2014年2月初，已有20多万人登录白宫请愿网签名，要求将他逐出美国。请愿书写道：“我们希望看到把这个危险的、粗鲁的、具有破坏性的吸毒者驱逐出境，并吊销其绿卡。他不仅危害了我们的安全，也对美国青少年造成了不良影响。”

另一个因玩过了分而自食其果的是年仅46岁的奥斯卡影帝菲利普·S. 霍夫曼，他于2月2日被发现死在他纽约的公寓里，死时手臂仍有注射器，警察在尸体旁边发现一个疑似装海洛因的信封。

# 单身派对——进入“围城”前的最后一次狂欢

旧金山湾区雨季的一天，我的朋友强尼去拜访一位朋友。走到朋友公寓楼旁的台阶下，抬头看见提娜裹着一件橙黄雨衣，蝴蝶一般飘下台阶，向他扑来。

大概相距四五级台阶时，提娜站住了，双手拉住雨衣两边一扬，露出的竟是赤裸美丽的身体。强尼大笑着张开双臂迎上去，提娜合上雨衣，欢笑着扑进他怀里。

他俩是在朋友的bachelor party（单身汉派对）上认识的，好朋友而已。强尼已经结婚了，是个忠于妻子热爱孩子的好男人。他们给了彼此一个朋友间温暖而轻盈的拥抱。

bachelor party是美国较为流行的一种派对，为婚礼前夕的新郎举办；相应的，为婚礼前的新娘举办的，叫做bachelorette party。均为走进围城前的最后一次恣意狂欢。总体来说，单身男人派对比单身女人派对多一些。一是因为男人好玩的天性，第二我想也是因为男人一般比女人要慷慨大方，愿意为朋友出钱出力吧。因为这类派对是由好朋友为之出力出钱举办。同性的好朋友们聚在一起，节目可以是喝酒、看球赛/赛车；或观看色情影碟；或请脱衣舞娘（Strippers）/脱衣舞郎（Chippendales）表演等。请不请脱衣舞娘/郎就看主办人愿意出多大血本。

我老公杰夫为哥哥麦克和朋友鲍勃各操办过一次。两次都请了美丽的脱衣舞女。他说给哥哥办的那次简直是完美，每个人都很尽兴，他的朋友们有礼有节，尊重舞女，甚至一贯冷面严肃的脱衣舞娘保镖那夜也放松地和这伙有教养的男人们掰腕子赛手劲。唯一的割了杰夫一块肉的是派对结束后，其中一位被美丽舞娘挑起欲火的朋友猴急着回去找女朋友泻火，骑着摩托碾过杰夫租用场地的草坪。次日他去结账时被告知，必须多付几百美金的草坪修复费用。

他说一般租用的场地都是几间屋子，每间屋子里各有酒水、小吃，人们根据各自的兴趣在不同的屋子里或品酒聊天，或看脱衣表演。

我问："难道不是所有的男人都去观看性感迷人的美女跳舞吗？"

他摇摇头："不。"

我有些困惑："这是人性自然啊，漂亮的女人身体居然吸引不了男人？他们是'同志'吧？"

他说："不是，他们是结了婚的人。老婆，有的人有虔诚的宗教信仰，在他们的观念里，能够观看或享受的裸体，只能是作为妻子的那个女人的。"

我惭愧而恍然大悟。有信仰确实不一样。

不过在电影《华尔街之狼》贝尔福特的第二次婚姻前的那个单身汉派对展现在观众眼前的，则是完全不同的景象：拉斯维加斯豪华的宾馆、酒精、毒品、群交……一夜挥霍200万美金的狂欢，令多少人三观碎成粉末！在电影院的黑暗中我悄悄地笑了。我前面写的单身汉party和眼前这个完全不搭界啊。

问题的关键是，我描写的是美国普通大众的单身汉派对，在美国人民生活中比较普遍；而电影里的这个却非常罕见，因为这是少数亿万富豪因为“富得只剩下钱”的游戏。不过也要相信，美国多数富豪的钱还是“花得正当的”，他们的三观也是很正的。

年轻人的“胡闹”有时候也是超乎想象的。强尼去参加的由提娜表演的那个单身汉派对上，因为工作上一些事有些心不在焉坐在朋友们中间看舞女表演的强尼，被一个银质外壳的阴茎玩具突如其来地“嗵”的打在胸口，在大家的哄笑声中，抬头看见提娜正淘气地笑着看他。原来这次她玩了个非常出格的：全裸出场（我们知道一般脱衣舞最终都会留下三点式在身上而不会全裸），把那个银质玩具塞进体内，然后发力把它喷射出去。提娜当时被强尼空洞无视的目光激怒，所以故意对着他发射了那颗“炮弹”。

说到美国社会的脱衣舞表演，在这点上我确实很喜欢他们的人性化。因为他们认识到性的美好和魅力是难以抗拒的，所以在一定的程度上开放（不是乱性、滥交）可以让人性得以满足和流露，使人不必压抑对令人心跳愉悦的异性性感美的喜欢，不必假装自己是圣人。从人性和心理学角度来说，一个人一辈子只爱一个人或只对一个人有性趣也是不可能的，但结婚后有了神圣的责任，应该对伴侣忠诚。所以男人们去看脱衣舞表演，眼睛观赏着美丽性感的女人，心里臆想着美妙销魂的活动，在一定程度上丰富了生活，缓解了夫妻由于过于熟悉而致的偶尔枯燥乏味感，实际上比不顾一切地压抑要人性得多。美国女人们也并不在乎老公或男朋友偶尔去看看那些勾魂的性感女郎，因为最终他会乖乖回家来和自己激情大干一番。这样的好事何乐不为呢？当然如果一个已婚或者已有女友的男人热衷于跑脱衣舞场，那肯定不对劲。

而另一次的“胡闹”是我老公杰夫和他的小伙伴们。他们的菲律宾朋友婚前派对节目是去拉斯维加斯喝酒赌博。那一夜，杰夫输了3000美金，另一个朋友输得更惨。酒醒之后小心肝儿被割掉一般痛了好几天。3000美金的概念对美国人和3000人民币对我们的概念完全不一样，分量重得多。

## 美国开放的，是性还是人性

毕业前最后一天上午的课后，我在自助餐厅里和一男一女两同学聊天。那天我们开心地胡吃海吹，聊天南地北，叹前世今生，记不得怎么就谈到了性。看来这是人性，不管绕出去多远，很多时候还是会回到这个人性最自然的需求上来。“食色，性也。”

我们谈到二男一女和二女一男，即俗称的3P。我表示好奇地问了他们几个问题之后，女同学E问我：“Jessi，你老公同意你尝试二男一女吗？”

我答：“没问过他，猜想也许不会吧，男人在性方面一般都比较自私，我老公属于传统家庭出来的孩子，也许不能接受。”

她看着我大摇其头：“No，你必须得问问他！如果你真的想做，他不该干涉你。如果他爱你，他会让你做任何你喜欢的事，而不是阻止你，让你失去体验冒险的乐趣。”

我扭头扫一眼旁边的男同学，他看着我笑而不语，不置可否。我的心咚咚地狂跳了几下。虽然她不一定代表所有的美国女人，可她们活得多真实，多自在，多勇敢啊！这是对自己的尊重，而我们做得最好的，就是完全不尊重、不在乎自己，压抑自己、伪装自己，讨好别人，讨好社会。

我说：“Ok，今晚就问问，也许他不会干涉我。因为他说过，我可以尝试一切我想做的事，除了两件：1. 瞒着他跟别的男人上床；2. 干违法的事。不过……我确实没有那个兴趣同时和两个男人XXOO。”

她哈哈大笑："你没兴趣就没问题。他同不同意都不担心。但是，"她调皮地眨了眨眼，"你都没有试过，怎么知道自己不喜欢呢？"

我们三个一起放声大笑起来。

3P或4P这件事其实在中美都不稀奇，只不过美国主要是年轻人喜欢尝试，到了中年他们已经经历过而不再有什么兴趣了。我晚上问杰夫对此事的看法，他说只要夫妻/恋人双方都同意，那是他们自己的私事，谈不到违法；至于是否道德，各人心里有杆秤，看法不一。

当然，他同不同意我去3P，或他喜不喜欢自己去3P，那是夫妻的秘密，这里不说。

但我有一点小小的感想。就像我上面说的，关注性、欣赏和享受性，是人类的天性。在这一点上，美国人并不做伪君子，他们公开享受和展示，如前面单身汉party文里说到的请脱衣舞女/舞郎表演。人们不必压抑对令人心跳愉悦的异性性感美的喜欢，不必假装自己是圣人。但他们也有度，就是可以看，可以欣赏，但不能随便或者强迫与脱衣舞女郎发生性关系，每个去表演的舞女都有一两个强壮的保镖跟随，就是为了避免万一有心智发育不全的傻孩子无法控制自己的冲动而侵犯舞女。

我在写论文查资料时读了一篇英文心理学文献，说生活在国内的中国女人有很重的sex guilt感觉（指女人因为认为性是肮脏的，故而厌恶和排斥它，在和老公做爱时缺乏热情和渴望，只是不得已而尽妻子之道），移民到美国之后这种心态普遍减弱，对性更容易接受，更自信，也更能享受。

说起来，原因就在于以前国内对性的看法太过于荒谬，我们这一代，甚至现在的年青一代还是有不少被教育“性是肮脏的，对性的欣赏和渴望是罪恶和下流的”，所以才会有那么多在床上“死鱼一条”的妻子们，搞得婚姻生活了无生趣，沉闷乏味，把老公推向婚外情人的床。

而美国人则推崇享受性，人性地认识到性的美好和魅力，所以在一定程度上开放地让人性得以满足和流露，但并不乱性，对婚外性或各种乱性还是不认可的，且因为信仰的原因也会自觉地忠于家庭忠于爱人。

当然，这个世界没有任何事是绝对的，美国也有一夜情和婚外恋。不过都是偷偷摸摸避光而行，在任何公开场合笑谈婚外情、带着婚外情人出席朋友聚会或各种活动更是绝对没有的。因为它不是这个社会能接受的道德观。

## 从几件小事看奇怪的美国人

刚来美国时，几乎每个周末都有杰夫的朋友们为欢迎我而举办的party。有个周六，鲍勃夫妇邀请我们和另一对好朋友文森特夫妇去他们家做客。鲍勃对杰夫说过，他要叫我JP（我的中国名字Ping，美国名字Jessi）。当时我们正在高尔夫球场打球，杰夫开心地笑着告诉我，“在美国，如果有朋友要给你一个绰号，那就证明他非常喜欢你。我很高兴他们喜欢你，你和他们在一起会很愉快。”

那周六下午和晚上果然非常快乐。我们在院子里喝着红酒，吃着点心，随意闲聊。鲍勃妻子帕姆带着我和文森特的妻子琳达参观他们的游泳池、花园、卧室、工作间、卫生间、客厅和厨房，还有一小块准备改造成高尔夫球穴区的草坪。

帕姆说，几乎所有装修和改造都是鲍勃做的，她只是上网、翻杂志，然后告诉他自已的想法和要求，能干的丈夫就按照妻子的意思把整个家重新改造了一遍。那些漂亮、舒适和充满创意的设计和改造让我和琳达兴奋不已。琳达好几次抱着我小声尖叫！

### 趴地奇事

老美喜欢把带到朋友家聚会吃剩喝剩的食物饮料要回来带回家。

去鲍勃家之前，杰夫打电话问他们要带点什么，回答是红酒和蛋糕。杰夫又问，“你那里有果汁吗（他知道我要喝那个所以帮我问）？”回答是，“没有呢，你们要喝就买点来吧。”

我们就买了两瓶红酒、一个芝士大蛋糕和一提6瓶果汁带过去。饭后，我们带的东西剩下果汁5瓶、红酒一瓶、蛋糕半个。

即将道别说晚安时，狗哥说了一句话："那些果汁你们不喝的话，我们带回去吧。"

我一时傻了。

但其他所有人没有一个人神情有异。鲍勃夫妇说："噢，对的，果汁我们不喝，等我给你们装上。"

然后找了个袋子给我们装进台子上的3瓶，再从冰箱里拿出帮我冻着的另外两瓶放进去，一边还说，"蛋糕你们喜欢的话也带回去吧，我俩现在不能吃喝甜食甜品。"

出来后，我说："哇，好家伙，你真强，你买去人家的东西到最后还要回来带回家，这在中国是绝对不可以的，主人会生气，其他客人也会瞧不起你的！"

杰夫认真地说："噢，记得吗？来的路上我问过他们的，他们说家里没有果汁，也不喝，我是给你买的。而且蛋糕还是他们自己说要我们带回家的，他们没有生气。"

确实，美国人就是这么直接和坦率。他们说把蛋糕带回去吧，并不是假装客套，他们确实不吃；但红酒他们喜欢，就什么也不说地留下了，杰夫也不会要回来。而且他们不吃不喝的东西，除非特别稀罕的，一般是不会莫名其妙带到办公室给同事，或给朋友送去的，基本都会扔掉。所以，与其死要面子地留那些果汁在那里让主人扔掉，不如带回来给爱喝果汁的老婆喝。我喜欢他们这样的直率。

如果美国人要请你吃喝，除非你真的不想要，否则就大大方方要一样你喜欢的，他会很开心地给你拿/买来；假如你按照咱中国人那套客套说不，不要，那么他会真以为你不要，不会强迫着给你。你就只好咽着口水眼巴巴看着他大吃大喝啦。

事实上，因为那天道别时我们是对着台子而他们是背着的，如果他们看见的话也会主动让我们带回来的。杰夫告诉我说，如果看不见也就忘记了。

我相信他说的话，因为生活在一起这么多年，我看见无论会发生什么样尴尬或者惹人生气的事，他从未撒谎推脱。大多数美国人也都不撒谎，原因是美国是个极为重视诚信的社会，而且美国人被鼓励自由探索，不会因为做错事情而被惩罚（非道德错误）。他们尊重个人（例如因故不能上班，只要告诉经理说明天不能上班就可以，没有人会追问你什么原因），所以不会为免受惩罚或保护自己而撒谎。

## 餐馆奇遇

老美吃完饭竟然把自己不喜欢的豆子送给陌生人。

新年前夜，下午4点过，我和女儿正在外面逛着，接到杰夫电话说他刚从公司出来，40分钟以后到我们逛的地方接我们去餐馆吃饭。5点差几分他到了。我们去了Petaluma的一家叫作Kattlemans的西餐厅，很大，也很热闹，整个餐厅是被隔成一个个像是国内包厢的小房间（Booth）。新年前夜嘛，大家都不想在家做饭了。

我和他点了不同尺寸的牛眼排，小妞点了BBQ猪扒，面包、沙拉、饮料，随餐还有一小罐炖好的四季豆，一家人开心地边聊边吃。

快结束的时候，发生了一件小事：在我们旁边隔着走道的小包厢里一位独自用餐的女士，突然端起她桌子上那罐四季豆走过来对我们说："这个我没有动过，我不喜欢吃豆子，如果你们喜欢的话，也许可以带回家去？"

我确实不太喜欢，而且感觉有点突兀，就扭头征询地看了看杰夫，他对我点头表示"要吧"。我倒是知道他喜欢吃那豆子，就伸手接过，对她说"谢谢"。

她笑着说："嗯，我想饭店拿回去也是倒垃圾箱，一口没吃，真是可惜了。"然后她站起来，拿上打好包没有吃完的牛扒和我们互道"新年快乐"后离开了。

女儿在旁边低笑着说，这样的事在中国绝对不可能发生。首先，她不会敢于开口问不认识的人是否想要她剩下的食物，虽然没有动过；其次，被问的人也可能觉得很不爽：是你自己都不喜欢吃的东西，让我来收你的垃圾？而且又不是什么名贵的东西，不过一小罐连肉星子都见不到的四季豆。而且，陌生人总是无法让人信任。

是啊，连我也觉得让他吃那罐豆子心里不太踏实。问他："你真的要吃？"他点头，"吃啊！"

这家伙是从来不吃剩饭菜的，除非像这样没有动过的，而且他完全信任的。

我不得不再一次感慨美国人的单纯、真诚和真实。

## 不会假装淡定的美国佬

杰夫第一次来中国见我，在机场接他时，我有点羞涩也有点可恶地故意躲在人后。他推着行李车出来，东看西看看不见我，着急地瞪大眼睛四处张望，内心的焦急和期盼在那张异邦大鼻子脸上一览无余。那孩子般急切和不安的表情傻得我实在忍不住好笑，赶紧走出来。

他一见，马上惊喜地颠颠儿冲过来，站在我面前毫不掩饰满心的喜悦，满眼热切地低头看着我，然后伸开双臂把我轻轻暖暖地拥入怀抱。

换作我们，除了年纪尚小的小孩子，心里再急表面都会装得满不在乎。绝对不会睁大急切的眼睛“丢人现眼”地左顾右盼，那还不太傻帽太掉价了？

他的这个特点——小孩子一般简单而不会掩饰的表情流露——也是大多数美国佬所有的。

## 几次失物惊魂均为虚惊

我在学校使用卫生间时，正在洗手的同学和我说话，为了听清楚我开门走出去，忘了墨镜还在纸抽盒子上。尽管不到两分钟我马上冲回，它却已经消失得无影无踪。我的价值1000多美金的墨镜，几乎可以肯定是被人有意拿走了。

第二天我抱着一线希望去了失物招领办公室，他们说没有人送来；第二周我打印了一份寻镜启事贴在那个卫生间："亲爱的好心人……"并留下姓名和电话号码。

一周过去，仍然不见它的芳踪。杰夫说，"也许它回不来了，我们这周末就去给你买新的吧。"我坚持再等两周，因为我隐约觉得它会回来的。我相信人心向善，也许那个拿走它的女士内心在挣扎，我想多给她一些时间。

有一次，我和朋友小月在超市买东西，粗心地把她儿子一个比较贵重的游戏机丢在购物车里，我们开车出去好一会儿才想起来。当时觉得基本没有希望找回来了，谁知，回去一问，很轻松地拿了回来。

小月告诉我另一件事，搬来加州前，她和老公曾开车过来旅行，回亚利桑那的途中听见手机铃响，原来她在一家商场用了洗手间后忘了挂在门后的包。好在包里有个小本本写了她的电话号码，更好在她那天手机不在包里而在手上。不知道是顾客还是员工发现了以后交给商场办公室，人家打电话要她回去拿包呢。包拿回来后，她仔细检查，绿卡、银行卡、现金等一样没少，心里着实感动了一把。

有一次回爱荷华杰夫父母家过圣诞的途中，我也上演了丢包惊险一幕。到达后下飞机时，很粗心让随身的挎包滑落在机舱里了，出来后，把手里的衣服和手提电脑包往地上一放，准备和小妞去卫生间，才惊觉装了驾照、银行卡、手机、相机、现金、绿卡、护照等的包不在身上！

我们是比较早出来的，后面还有大量的同机乘客，如果其中一个有点邪心我就完了。杰夫安慰我说："没有关系，你们先去卫生间，我站在原地看着那些出来的人，也许会有人帮忙带出来。”

我们回去时，他说没见人拿我的包，但已有一位空姐答应在乘客走完后会帮我去飞机里看看。我站在那里，半心急半心稳地等着——有了上面两个例子和在美国生活一段时间对他们的了解，我确实不是特别担心。

终于，大概20分钟以后，乘客全部下完，那位空姐进去了。几分钟后，另一名男职员走出来，手里拿着我的包……

结果证明，我这次的感觉和等待也是对的。大概一周后，刚到家惊喜就来了。有人给我发短信："Jessi，你的墨镜在我这里。我现在在学校斯蒂文森（心理学）大楼前，过来拿一下好吗？"

天呀，我失踪了两周的蛤蟆镜，终于现身了！

马上返身跑进车库，跳上车朝学校驶去。很顺利地拿回了墨镜。我想给她一些钱作为感谢，她坚决推辞了。

我真心感激她。她让我相信，这个世界，好人多，虽然有时候会犯错。

## 美国，儿童的天堂

在杰夫的家乡爱荷华州，25号高速公路旁的一个乡村采砾场里，有一块巨大的岩石，多年来，一代又一代的孩子们在上面涂抹名字、小口号，甚至一些不堪入目的脏话，大岩石见证了那些放浪的、无聊的、激情的、无羁的……自由飞扬却又茫然无措的青春。

几年前，这块巨岩最后一次被一双少年的手描绘，然后，再没有任何人，在上面胡乱涂抹过。

少年艺术家在巨大的岩石上描绘了一幅幅栩栩如生的历史画面，描述了美国历史上的一些重大事件里的人物，包括“独立战争”中的乔治·华盛顿和将士们、越战中的军人、“9·11”里的消防员，并摘录了华盛顿、肯尼迪总统在不同时期的重要讲话片段等。

岩石的顶部覆盖了一面在风中舞动的美国国旗，每一个看见的人都没想到它是画上去的，因为国旗的纹理、阴影都极为真实，立体感极强。整个岩石变成了一件非常了不起的作品！不管是艺术价值还是社会价值。

人们被震撼了，不管是成人还是孩子，不管是女人还是男人，艺术和道德的力量是强大的，懂得欣赏美和创造美的人，心灵也会是美的。一个真正热爱艺术的人很难是个恶棍。艺术启迪美好的心灵，塑造美丽的眼睛，孕育创造的幼芽。

这位少年艺术家雷蒙德，是才十几岁的孩子，其艺术功力、行动能力，对于祖国和人民的热爱却令人油然敬佩。都说美国是一个神奇的国度，各种稀奇古怪的人和事都能在这片土地上发生，不管是好的还是坏的。这位少年的撼人杰作似乎又一次证明了这点。

看了那些照片之后，我欣赏的不仅仅是他杰出的作品，也为周围的人们和孩子的耐心及对艺术和别人的尊重而感动。在整块大岩石上画出如此栩栩如生而复杂的画面，写下那么美丽的文字，不是一天就能完成的，这期间，却没有人去破坏、去恶作剧。雷蒙德的艺术天分和创作冲动自由大胆地发挥了出来，其他的孩子们也受到了一次美好和正义对心灵的冲击。

曾经听过一句话：美国是儿童的天堂。这话不假，美国儿童可以说是世界上最幸福的人。首先母亲的态度就决定了这一点。美国人认为，养育孩子、和孩子一起成长是一种生命的体验和经历，是享受和快乐，并不把它看作一个严肃的人生使命，也很少把无能的自己不能达成的梦想强加给孩子去实现，因此孩子的压力也相对小了很多。而且这个社会并不认为孩子是私人财产，可以随便让家长处置。我想很多人已经看过各种影视和其他媒体报道，在美国，家长打骂孩子是要进监狱的，孩子也会被从施虐的父母身边带走，送到专门机构或代养父母家继续抚养。代养[1]父母是经过严格背景调查，确信是有爱且受过良好教育的人。

我读硕期间实习的农场和现在做义工的儿童机构，都是为了帮助受家庭虐待的孩子恢复正常人格而工作的。

---

① 代养非领养，孩子18岁成年后可以自己决定是回亲生父母身边还是继续留在代养家庭。

美国有很多这样的机构，大多是非营利性组织。目的是让那些“受虐”孩子健康成长。当我了解什么是美国孩子受虐的标准时，不由摇头感叹：按这个标准，中国90%以上孩子都是受害者。

不光打孩子绝对不行，例如我们经常在街上听到的、从父母和老师嘴里出来的：“你怎么这么笨！猪一样”“养你还不如养条狗，狗都懂得怎么做”这类的话，是对孩子人格的侮辱，也是不允许的。

不过，不能打（beating）孩子意思是不能打头、打脸或者持续抽打身体其他部位，偶尔在屁股或手臂上拍一下（spanking）以示警告是没有问题的。

打、骂、侮辱孩子是非常可怕的，也是很危险的，尤其对心灵和人格的伤害很大，影响他/她一生的幸福。很多人自卑、胆小、无自信、不爱学习、显得很“笨”、社交能力差、快乐感低、看什么都不顺眼……就是因为父母的打骂侮辱造成的。而亲手种下苦果的父母却反过来抱怨孩子的无能、没出息。

杰夫弟弟和弟媳的育儿方法非常值得学习。我们去了爱荷华和明尼苏达这么多次，在一起住了这么长时间，没有一次看到他们因为孩子而发脾气、尖叫、怒吼什么的。两个孩子性格和教养非常好，即使生气不高兴也只是噘着嘴往地毯或沙发上一坐，两条小胳膊在胸前一抱（这是美国孩子生气的典型姿势，非常可爱，男孩女孩都一样，据说当年的小杰夫也无数次来过这套），极少哭闹，从未大哭大叫过。就是在车上的儿童座椅里生气时，也会很配合地抬起胳膊，让爸爸把座椅带子穿过臂下，再哼一声后抱回来，不会又哭又闹地抵抗。因为父母已经让她们知道，有些事情，不管怎样都是要做的。

有一次两岁的小女儿伊娃很失望伤心地哭泣起来，爹地搂着她说，“你是个快乐的孩子哦，”她抽泣着回答，“我不想要快乐，我不快乐。”爹地笑了，“Ok，你不快乐，我理解。”

另一次五岁的大女儿克丽丝生气，妈妈理解地说：“我知道现在你很mad（气愤），mad是可以的，你可以气愤。”并没有训斥她说不应该生气，或者想方设法哄着她高兴，只是告诉她，“我理解你的感觉，你可以那样感觉，那样的感觉是正常的。”

小姐儿俩在一起玩时有矛盾，主要是不懂事的小妹妹喜欢跟在姐姐后面做她做的一切，玩她正在玩的东西，有时候让姐姐很不爽。一般父母不干预，让她们自己解决。如果闹得动静大了或者小妹妹求助父母了，他们只是指出，“那是克丽丝的玩具，你的在这里，你可以玩这个。”他们并没有要求克丽丝，“你是姐姐就该让着妹妹；”而是教会妹妹懂得，“姐姐有的，你也有，你一定要玩她的，需要先经过她同意。”

当然，他们也会建议克丽丝，“和妹妹一起玩，分享你的玩具和快乐给她你会更快乐。”不过从不强迫，因为克丽丝虽然是姐姐，但同时她也是个独立的人，也需要得到尊重和个性发展的自由和空间。我们下飞机后开车去公婆家前，一般在她家先住一天。有一次，她兴奋地要求我们去她屋子里看一件自己觉得非常酷的衣服，我当时在和妹妹伊娃玩，女儿小妞就跟她去了。看了衣服之后，4岁的她一本正经对小妞说：“桑妮，我要换上这件衣服，你可以出去了，现在我需

要一些私人空间 。”这是孩子被充分尊重后的良好心理表现。

美国人爱孩子深切，为了孩子他们可以做出一些利益的牺牲，比如放弃更好的工作机会，这样的例子在我们周围比比皆是。杰夫的哥哥迈克为了儿子放弃了一家更好的公司提供的高薪高职位；我实习的农场经理内特为了照顾女儿辞职回家做“Mr. Mom（妈妈先生）”；杰夫公司的女CEO辞职搬回老家，就是为了让孩子能在祖父母及其他表兄弟姐妹的陪伴下长大。她说，“我的事业可以重新再来，但孩子成长过程中失去的亲情和爱永远无法弥补，我不想给我的宝贝留下人生的重大遗憾。”

在美国，不仅初中、高中的老师，小学老师也必须是硕士毕业学历或者经过专门严格培训拿到资格证的人。因为他们认为启蒙教育对孩子的一生影响最大。老师从来不辱骂或者批评学生，老师和家长倾向于鼓励孩子们勇于探索不畏犯错，犯错很少被处罚或羞辱，所以美国人也养成了大胆、直率、诚实的个性。这一点不禁让我想到，我们在震惊于孩子撒谎的行为时，有没有反思一下自己的教育方式？

曾经看过一个真实的故事：在美国一所小学里，教低年级的一位老师发现，她让孩子们带回家去看并要求还回来的一本书里，有中国长城图片的那页被一个小女孩撕掉了。她没有不问原因地批评孩子毁坏图书，而是问：“为什么要撕掉那张图？”小女孩说：“我太爱长城了！希望有一天能去到那里。我想把这张图片贴在床边墙上，帮助我的梦想长出翅膀，带我飞到长城。”

老师听了，对她有如此远大的梦想大加夸赞，祝福她梦想成真，并允许她保留那张图画。

女孩长大后，真的到中国登上了长城。回忆起童年小小的“违规”行为，她非常感激那位老师对孩子梦想的支持和保护。她说，正是老师的鼓励和理解，让这个梦想在心中生根发芽，直至长成大树。

美国的孩子也学习各种课外特长，学校会让所有的孩子都有一个展示自己才艺的机会，还有其他各种才艺的展示，期末会给每个孩子发一张奖状，表扬他/她在这学期做得好的、有进步的地方，包括学会了某个生活技能，有幽默感等，每个孩子都受到尊重和喜爱，都相信自己有值得骄傲的、不同凡响的一面。

老师们还十分注意发现孩子们的特长，真正有天赋的孩子将被特许进入高一级的学习（提前进入大学学习其中一些课程）或接受特殊培训。杰夫有一个比他小一个月的堂弟在读高中时被发现天分很高，经过学校推荐、自己申请，再通过相关考查，被特许进入大学学习自己感兴趣的课程，后来成为一名成功的医生。杰夫说，他认为这个堂弟和他妻子对孩子的教育是一种成功家庭教育的典范（限于篇幅这里不做详细说明），现在他的孩子们都是非常成功而有教养的人。

接触了一些妈妈，观察了她们的养育方式，发现，美国人带孩子和我们常说的农村人带孩子的方式非常相像：宽松自由，打得粗。小婴儿常常是只裹一张纸尿布全身光着就放到地上到处乱爬，房间里是厚厚的地毯，院子里是青青的草皮，倒也比较安全；大风起时，阳光灿烂时，极少见到给孩子戴帽子包被子盖纱巾，光脚光着小身体在风中奔跑玩耍倒是常见。

吃饭的问题在这里似乎也很简单，没有见过满地追着喂还要变猫变狗哄半天的。我看弟媳这样喂一岁的小女儿伊娃：到该吃的时间把小家伙从地上拎起来放进婴儿座椅里，先把一些柔软多汁的水果切成小颗粒放在座椅前面的面板里，孩子自己小手抓着往嘴里塞，吃完了再放一些进去。大概半小时后开始喂主食，因为一直爬上爬下消耗大，自然感觉到饿，每次小家伙都吃得很开心。至于三岁的克丽丝就更简单，每次都自己吃，很省心。我猜想多半是因为孩子有足够的时间和空间活动，所以食欲很好，吃饭就不是个问题了。孩子以一种很自然的方式被养育着，天性完全释放，个性得到尊重，所以很少大哭大闹，而且因为受到正常的对待（就是不觉得自己特殊），所以我遇到的大多数孩子很有教养、有礼貌、很大胆，也很爱笑。

在旧金山看飞机表演那天，我看到一个四五岁的小女孩鞋带松了，就上前提醒她，小姑娘低头一看马上对我说，“哦，谢谢啊！”然后蹲下自己系紧，有礼而懂事。另一天我开车出去，看见住宅区路上一群八九岁的孩子把篮球架安放在路边在玩球，并在路两旁各放了一块警示牌，提醒车辆小心慢行。我放慢速度绕过时，一个小女孩向我挥手笑着大声说“Sorry for that（抱歉哦）”，我马上报以微笑回答：“It's ok. Have fun（没事。玩得开心哦）！”

在学校里，孩子们学习各种有趣有用的课程，也没有什么压力。小学里居然开设了一门《婴儿看护》选修课，让十一二岁的男孩子们照看真正的婴儿——给他们洗澡、换尿布、喂饭，陪他们玩，婴儿哭闹了，见习“小爸爸”们要使尽浑身解数把婴儿逗乐并照顾好。很多男孩子非常喜欢，选择了这门课，并做得非常好。

除了家庭和学校，整个社会和政府对待儿童的态度，也是美国孩子幸福的一个重要因素。例如对孩子们在学校的各种活动，包括男女童子军售卖产品、上门推销等，大家都尽力支持。我们在街道斜对面邻居小男孩亨特和他弟弟克里斯身上砸了不少钱，因为要帮助他们完成学校鼓励孩子们推销产品以锻炼能力并筹集资金的活动，虽然很多东西我们并不真正喜欢和需要。除了从亨特那里购买了包括情人节巧克力在内的很多甜食，我去年从克里斯那里订了两年的*Essence*杂志，其实我根本没有时间看它。他们六岁的小妹妹也很快会来敲我们的门"要求资助"了。另外，杰夫和我无数次在商场门口购买我们并不喜欢吃的童子军们的各种饼干、爆米花等；远在爱荷华的杰夫小侄儿也曾经给我们发出要求，花50美元购买他的活动产品。

在美国，公立学校小学到高中学费全免；贫困家庭每出生一个孩子，政府会补助一笔"奶粉钱"，孩子如果在18岁前父母一方或者双方去世，也会领到政府的抚养费直到18岁。

在这里带孩子逛商场超市也很轻松，我和小月每次去购物，都是把她儿子强尼放进购物车里推着，到玩具部去让小家伙挑一个喜欢的玩具，购物完成后再把玩具放回原处不必买。这样整个过程就很简单了，强尼一直在翻来覆去研究那个声光色俱全的玩具，根本就顾不上烦我们。在儿童玩具售卖区，各种玩具随便孩子玩，常常看到几个孩子小脑袋凑在一起分享一个有趣的玩具，没有任何人会来干涉，也绝不会有店员过来说，不买就不要动，会弄坏的。有一次强尼手快抓了一瓶饮料，然后掉地上摔碎了，可是店员没有责怪，还一个劲儿问孩子有没有伤到，并马上动手收拾地面，还对小月说“sorry”，因为强尼哭了。

时常在杂志上看到帅气的男明星街拍，短金发，皮夹克，酷酷的蛤蟆墨镜，胸前却挂着一个非常可爱的小baby。美国男人在年轻的时候确实要比中国男人玩得疯，不过一旦成了家，大部分都会有很强的家庭责任心。再酷再帅的男人都会化身成非常萌的奶爸——他们非常爱孩子。在这里，手里推着婴儿车，身边跟着一两个宝贝，甚至前面还撒欢跑着一两条狗狗的爸爸很常见。他是为了孩子们和狗儿健康成长带大家出来散步的。

美国男人对孩子的爱确实可圈可点，尤其在离异家庭里，当爹的也许觉得不能给孩子一个完整的家而深感内疚，故对儿女的任何要求，包括无理的，也尽量满足（无论孩子跟谁）。所以有些美国孩子也确实被宠坏了，自私自利，好吃懒做。

## 美国，并不是老年人的坟场

硕士毕业后的第八个月，我终于定下心来为自己找了两件事做：一是到一个儿童保护中心申请做了志愿者；二是到另一个老年看护机构找了份工作。工作和义工都在2014年的第一个月正式开始。

工作了一段时间后，感觉非常奇妙。我的服务对象是老人和孩子，老人的世界安静单调缓慢智慧，而孩子的世界则充满活力色彩喧闹希望。我则在两者之间，孩子是过去的我，老人是未来的我。很喜欢这样奔走在两极世界的互补工作，让生命和心灵丰富了许多。

不过，工作中观察到的一些现象却从另一方面令我感触颇多。

对美国，我曾经有一个印象：儿童的天堂，老年人的坟场。我相信很多人都听过这个说法，也都读过一些关于老年人孤独死在家中好几天后才被发现的报道，觉得美国的老人真是生活在一个可怕的世界。

对“儿童的天堂”，我比较赞同，而对“老人的坟场”，我想就自己看到、了解和经历过的，给大家还原一些事实真相。

我的第一位客户，83岁的劳丽，年轻时做过会计和工程师，近几年因为一些健康方面的问题无法完全做到生活自理，需要有人陪伴照顾。她女儿就把她从圣地亚哥接回旧金山湾区，在Petaluma镇的一个公寓里租了两套房子，一套自己和老公孩子居住，另一套给老母亲居住。

照顾劳丽很简单，主要是陪伴，偶尔帮忙做些简单的家务，如把衣服送到公用洗衣房的洗衣机里洗，换换院子里给野鸟儿们的鸟食，每周一两次协助她洗澡（主要她自己洗，我站在一边注意她的安全），每天陪她出去散散步等，剩下的主要就是陪她看电视和玩一些拼图游戏。

照顾老人的工作同时也很有挑战性。有一次她因为看电视上瘾不肯洗澡，找各种借口软推托硬抵抗。我很费了一些周折，最终成功把唧唧歪歪的老太太弄进了浴室。洗完后穿上我给她找出来的内衣裤，包上粉红大浴袍舒服地瘫进沙发里，满足地眯着眼睛把老脸笑成一朵丝丝绽开的菊花。我摩挲着老小孩，心里好气又好笑。

劳丽是幸福的。除了我每天定时去陪伴，为她解除寂寞，她女儿更是为她的康复和生活各方面操心料理。

但她并不是仅有的例子。对老年人的福利和照顾，从政府方面说，有一个"社会保障计划（Social Security Plan）"可以起一些作用。这个计划就是：公民或绿卡持有者，这一辈子，只要在美国工作的时间累计达到两年，就有资格享受它。这个计划简称OaSDHi，简单说就是：

1. Oa（old age：老年退休金领取）。保证年老以后的退休金领取。顺便说一句，美国很多公司都有这样一个政策：夫妻即使只有一人工作，62岁以后可以领取双人份的退休金；万一工作的那一方不到退休年龄去世了，也不会有问题，未亡人62岁开始照样可以领取一份，直到离世。

2. S（survival：幸存者保护）。这个是为了保护丧偶或丧失父母的未成年孩子。老年人丧偶后可以领到一笔葬礼金；儿童18岁前父母双方或一方去世的，即使一方还在，政府都会每年资助一笔钱，保证孩子的生活和学习需要，直到18岁。

3. D（disability：残疾保护）。享受这个是不需要工作两年的，因为有的人生下来就是残疾，或者18岁能合法工作前不幸成了残疾，政府会向他们支付救助金，直到能自食其力时，或者一辈子。

4. Hi（health insurance：健康保险）。

从社会方面说，美国有很多社会工作者和机构为老年人提供服务，很多是非营利性机构和志愿者；美国还有很多老年公寓和老年社区，专门为老年人提供医疗、生活和娱乐服务。

2013年父亲和阿姨来美国，我们带他俩旅行到南加州时，专程去看望了一位老朋友琳达。琳达的丈夫艾尔也是我们的好朋友，四年前，他们搬去离儿女住地很近的南加州棕榈泉，两年前艾尔却不幸因病去世了，琳达一直深陷在哀痛中无法自拔。好在老两口当初搬家时选的地方是一个只有55岁以上的人才有资格买房子的老人聚居地。我们去时琳达带我们参观了离她家只几分钟路程的老年活动社区，里面有游泳池，有室内运动场地和设备，有电脑室可以上网和玩游戏，甚至还有麻将室，设施丰富，服务人员齐备。

琳达在这里遇到一些同样处境的老年朋友，大家开始只是强颜欢笑在一起勉强打发孤独难熬的时间，慢慢地老朋友们的笑脸越来越自然，心情越来越开朗，有人甚至夕阳红，擦出了晚年的爱之火花。生活重新变得甜蜜和欢乐，人也越来越显得年轻和充满活力。

从家庭方面说，美国人没有我们以为的那么冷漠。每年圣诞和感恩节前，是美国航空和高速路最忙的时段，因为重视家庭亲情的美国人都在回家团聚的路上了。

我们举办爱荷华婚礼前，杰夫的父母和兄弟姐妹以及他们的朋友，均热心而不厌其烦地花了近两个月时间为我们安排、购物和布置场地，且全家老少为尊重我都定做了中式服装作为出席婚礼的礼服；看过美剧和好莱坞电影的朋友也一定都见过那些温暖的亲情，我也不多啰唆，这里只说说儿女和老年父母的亲情。

17年前，杰夫决定搬到加州居住和工作，公婆听了非常舍不得，婆婆甚至哭了。杰夫说，“妈妈不要难过，我每年圣诞会回来，而且每周我们可以通电话，相互还是可以了解彼此的生活。”

他和婆婆约好每周五早上通电话，17年没有断过一次，每次40多分钟至一个多小时。婆婆告诉他家里的情况，邻居和他的发小们的情况等，他则告诉婆婆关于他的工作、高尔夫和女朋友的情况，当然后来是关于老婆我和女儿小妞了。有时候他们也谈论一些社会现象，或者讨论一本两人都在读的书。

生长在传统美国家庭的杰夫说，“我很喜欢和她这样随意的谈话，感觉多了一位分享你生活的朋友一般。”

杰夫的哥哥、弟弟和妹妹都在离公婆一两小时车程的地方居住和工作，经常回去和二老过周末；弟弟的孩子小，有时候小两口儿忙不过来也会把孩子们送回爷爷奶奶家，请他们帮忙照顾。公婆总是非常开心。

2011年夏天，公婆50年金婚大庆，我们一家三口飞回爱荷华，和兄、弟、妹妹一起，为二老策划、组织、举办了大型庆祝活动。老两口儿的兄弟姐妹以及朋友们、邻居们都参加了，公婆非常开心和满足。

同年早些时候，5月初夏，在风景幽雅宜人的Stafford Lake Park边上，我们应邀参加了一个好朋友鲍勃夫妇结婚40年纪念日，他们的独生女儿缇娜一手策划了这个浪漫温馨的事前保密Party。

她设法弄到了几个父母好朋友的邮箱地址，然后请他们帮助，得到更多其他朋友的邮箱，然后给我们一一发送请求，希望我们帮她给相携走过40年岁月仍然恩爱的父母一个惊喜。

朋友们当然尽全力支持。大家不仅买了礼物、贺卡，还各自准备了各种肉类、蔬菜小吃、饮料、餐具、水果等，十足地给了这对夫妻一个巨大的惊喜！鲍勃的妻子激动得搂住女儿流出了泪水。

杰夫公司里一位好朋友马尔克92岁的老父亲病重，医生说他大概只有半个月的时间了，最近已经神志不清，嘴里不断呼唤着一些从前去世的老朋友和家人的名字。马尔克和杰夫谈起这事，很伤感："看来是他们来接他了。"他请了假去医院陪伴，时时俯身在父亲耳边倾心细谈，絮叨一些童年趣事和与父亲在一起时的美好时光，并告诉父亲，"请安心踏上天堂之路，我们会照顾好母亲的。"他对杰夫说："希望父亲能听懂我。"

父亲去世后，处理完后事，他和妻子商量了一下，把年迈丧夫的母亲接到家里住了几个月。可母亲知道他们孩子在读高中，工作也忙，加上美国人很独立，很在意自己的私人空间，所以不愿意继续和他们住在一起。他最后帮母亲在附近的一家老年公寓租了房子。在那里，母亲有老年朋友，有护士和其他服务人员，感觉快乐多了。

这里顺便说说前面提到的美国老人死在自己房里，几天后才被发现的问题。这不是他们被子女抛弃的悲惨结果，而是因为美国人一个普遍而根深蒂固的观念：独立。他们不喜欢麻烦别人，哪怕是自己的子女，除了能理解子女也有自己的生活压力，也不愿意被当成老废物对待。

美国人不论男女老幼，能自己做的事绝不麻烦别人。公交车上，给老年人让座也必须非常注意方式，一般可以不让，因为老人们并不承认自己老得需要别人照顾了，年轻人也尊重他们的选择。有退休金，有能力自己生活的美国老人，就待在自己的家里，保持着自己的尊严和自由独立的快乐。但毕竟年龄大了，有时候疾病突发或者不小心摔了碰了而不能及时呼叫911或被及时发现，就会出现上面所说的悲剧。

我在熊猫中国快餐店上班时，遇到过一件非常温暖的事。每周日下午1点过，教堂时间结束后，常常会看见一位白发老人佝偻着腰推着一辆轮椅进来，上面坐着一位更老的老太太。他们是母子俩。老太太耳朵里插着听筒，长长的线另一端是个小小的话筒。作为儿子的老头儿每次都耐心地推着她围着我们的食物慢慢看，手持话筒弯腰俯身在她耳边低声介绍。尽管我们的食物每月仅推出一个新品种，其余都不变，估计老太太年龄太大无法记住。所以每次儿子还是耐心地一一重新介绍，以便她能选几个自己喜欢的菜。

有个周日我到门外查看垃圾箱，正好儿子又推着母亲过来，低头非常体贴地问她："想在外面吃还是在里面吃？"老太太大声说"里面"，我赶紧帮他推开门，他用有些浑浊了的蓝色眼睛看着我很感激地叠声说着"谢谢"，进去以后回过头来再次感谢。感觉他是非常nice的老人，也是非常孝顺的儿子。每到这个时候见到他们，我心里都暖洋洋的，极为感动。

我和他交谈过几次，了解到他们现在住在一起。也许他的父亲和妻子都不在了。

小妞听我说了这件事后感叹："好温暖啊，母子又重新回到从前了。"她的意思是孩子和妈妈又住在一起了。

综上所述，可以看出美国并不是老年人的坟场。虽然哪个国家都有一些败类和不孝之子，美国也不例外，但他们只是极少一部分，不是这个国家的主流。

## 美国人名字和称呼趣谈
## ——“亲爱的”不一定真的亲爱

她抓起我的右手贴着她的左手比量，眼睛夸张地惊奇着，脸上暖暖地微笑着：“Look！甜心，你的手多小多可爱啊！你的身体那么苗条，噢，我希望我是生在中国的女人。”

下午2点，已经30个小时粒米未进，只靠着鸡汤、果汁、牛奶、咖啡打起精神的我，头晕眼花四肢软弱地躺在医院床上，等着医生来给我做每五年一次的直肠常规检查。

护士玛丽·罗斯（对，就是叫玛丽·罗斯，不是罗斯·玛丽）一边手脚不停，熟练地给我盖上加热过的暖乎乎的被单，一边嘴也不闲地和我打趣聊天。

不是她特别多嘴饶舌，美国人就这样，你去买东西洗照片存钱等，工作人员都会随意和你聊几句。医院里的医生护士更是会问你愿意怎样被称呼，即：你喜欢被我们称为杰夫还是杰弗瑞，是狗哥抑或是BB心跳狗（以我家狗哥为例）？这样他们会一直称呼着你习惯的那个小名，和你聊着一些轻快的话题，创造出一个非常温暖放松的气氛。

说到这里，突然想说几句关于我的英文名字，Jessi的来历。

和杰夫谈恋爱时，他问我，为了以后生活的方便，想不想接受这个美国名字：Jessi。并解释说，这是他奶奶的名字。因为感觉我和奶奶一样是个善良、爱笑、乐观的女人，如果我能接受，那将是他们一家人的荣耀。“爸爸会尤其高兴，因为，家里从此又有Jessi了。”

杰夫多次和我提起Grandma Jessie（杰西奶奶），他说直到他30多岁奶奶去世，从未见她发过一次脾气。有时事态严重了，她会很serious（严肃），但从不情绪失控和发火，是个非常幽默乐观、聪明能干、善良大气的女人。世界在她眼里，永远找不到愤懑失态的理由，她永远以宽厚理解的心对待一切。

因为害怕老年痴呆，Grandma Jessie一直保持猜字谜和阅读的习惯，让大脑处于积极活跃的状态。她勤快，爱侍弄花草，雄心勃勃想活到100岁，可是在99岁那年上帝对她发出召唤，她安静地无疾而终，去了天堂。

Jessie和Jessica一直是我比较喜欢的名字，所以理所当然就答应下来。

他非常开心！奶奶是他最爱、最敬重的老人，她的名字拼写为Jessie。杰夫建议说：“你可以去掉那个e，这样既保有奶奶的特色也有了你自己的特色。而且，就个人偏好来说，我更喜欢Jessi。当然，如果你愿意，还是写成Jessie也是非常好的。”我说：“少个字母更简单，就Jessi吧。”

这样，我的英文名字“正式地”改为Jessi，申请移民签证时他郑重地写上了这个名字。

而我们的墨西哥工人阿德喜欢叫我Jessica（杰西卡），他说Jessica是墨西哥名字。

为了纪念奶奶，杰夫妹妹的狗狗也取名叫Jesse。虽然这三个名字拼写略有不同，发音都完全一样。

因为文化的不同，西方国家，当然包括美国的父母们在给新生儿命名时，不像我们主要是“创造”一个有意义的名字，他们有专门的“名字列表”存在在那里等着被选择，所以才会有那么多的汤姆、丽萨、麦克、苏珊等。应该说，我们是“起名字”，而他们是“选名字”。

不过父母给宝宝选名字时并不是无所谓地随便选一个就可以，他们也要把一份美好的祝福放在名字里送给宝宝，或者用著名人物的名字，或者用自己热爱的家中长辈的名字，或者含有美好寓意的名字……

以我们的文化来看，他们对名字很尊重，非常注意不把别人名字读走音或拼写错；但有时似乎对名字也很“无敬意”，例如杰夫的妹妹给自己的宠物狗用奶奶的名字命名；我硕士时实习的地方，三岁多的小孩子们和我们一起随意地用名字称呼着总经理；杰夫的弟媳直接叫婆婆名字；我们在大学课堂里毫无顾忌地直呼着白发苍苍的教授的小名……

美国人很喜欢称呼对方名字，无论是闲聊时还是办事时。如果不知道名字，即使陌生人也会叫你一声honey或sweetie甚至dear（分别是蜜糖、甜心、亲爱的）。小妞上班时去银行办事，路上有陌生人和她打招呼“Hi，Sunny”，她傻了一会儿才反应过来：原来人家是看见她胸前挂的牌子了。

前段时间在微博看到一个小笑话，说是一国内来的访问学者去买东西还是吃饭时，接待他的女士左一个“甜心”右一个“蜜糖”

地唤着，登时有些小激动，感觉人家对他有意思。赶快向先来几年的朋友取经："刚好和女朋友分了。现在好紧张啊，和白人交往要注意些什么啊？"

我办独立信用卡时需要电话银行工作人员激活它，电话那头是个男人，声音愉快友好，我问他某个问题时，他回答"Yes，my dear（是，我亲爱的）"，全然不顾我老公就坐在旁边，而且我们电话声音开成免提（这些那个男人都知道），而狗哥连睫毛都没动一下，全无半点不快的表示。读硕士时，我的女教授也在课间休息时，对向她提问的男同学说过"Yes，my dear"。

名字是属于自己独有的，听着那个/几个最熟悉的音被别人用快乐的暖暖的声调叫出来，心中的感觉真是非常舒服温暖。现在越来越喜欢杰夫给我的这个Jessi。他曾经在邮件中描述过，Jessi这个美好的名字，怎么在唇齿轻启之间，被美妙地发出来的感觉。我那时体会不到，最近却越来越多，也越来越清晰地体验到这一点。这个美丽的名字，在很多男人女人们的嘴里被如此欢快、甜美甚至性感地送出来。

美国人夫妻之间互称最多的是"honey"，年轻恋人似乎更喜欢用babe（宝贝）；对孩子或者朋友他们也喜欢叫honey或sweetie；而有些人则像我前面说的，对客人、店员、病人、服务员等也称呼honey，sweetheart或sweetie，这三个词意思基本一样。当然也有少部分夫妻互称对方小名。

我和杰夫则互称honey bunny，意思和honey差不多，似乎更甜一些。杰夫在某一时刻特别不喜欢我叫他名字，那就是我生他气时。

国人生气时少有不叫名字的，而且叫的一般不会是昵称小名，很多都是连名带姓一起迸出，那个解气，那个痛快！可是，每当我义正词严地叫“杰夫（或杰弗瑞）……”时，在一旁垂头丧气听我叨叨的狗哥就会痛苦地抬头睁眼看着我说：“不，不，亲爱的，不要叫我杰夫，叫我Honey Bunny。”所以，后来我就是气得咬牙切齿时，也要这样开始：“听着，亲爱的……”唉，自己都觉得没有气势了，马上就蔫了，懒得生气了。

当然其他时候叫他杰夫或杰弗瑞他都不在乎，让我怎么高兴怎么来。

最后，接着说说我在医院的“可怕”经历。护士玛丽·罗斯不光给我盖上了热乎乎的被单，还给我右手输上液（葡萄糖）左手套上圈（不知道是什么），然后在锁骨下和胸前分别贴了三块带管子与电脑连接的圆片，最后，鼻孔里塞进吸氧管……活生生把我装扮成了一只情势严竣的大病猫呀！虽然饿得脚耙手软心发慌，还是拼了命也没忍住，哼哼哼笑了出来。那一刻真想请她掏出我包里的照相机帮忙拍照留念。护士玛丽·罗斯也“哧”一声笑起来：“亲爱的，你一定觉得自己看起来很滑稽吧？”我在床上花枝乱颤：“可不是嘛！”

另一位护士过来往我的输液管子里加了点镇静剂，我就在半晕乎间开始被他们折腾。虽然有点晕晕困困的，还是睁开眼看了几次悬在前面的屏幕。

我的肠子里粉红的颜色，干干净净的，真好，什么问题也没有。

不过因为没有打麻药，还是有点痛。旁边的女护士和男助手一边轻柔地抚摸着我的头发、肩膀，一边温柔地叫着我的名字安抚我。那一声声柔柔的“Jessi”叫得我心都融化了，真的好感动好温暖，感觉他们不是陌生人，他们就是陪伴在自己身边的家人，心里既不慌也不孤独。

杰夫送我到医院，我检查时他去学校接了小妞一起回来在外面等。检查结束时，两人进来看见我的样子都笑了（那时还在床上挂着吊针）。

听到我们马上要赶去旧金山机场旁的酒店见一个来美国考察学习的旧同事朋友，护士玛丽·罗斯坚决反对！她说因为麻药的原因，我会犯困走路不稳容易摔跤，“最好马上回家休息，哪里也不能去。”

她推来车子扶我坐了进去，没想到我居然会有坐进医院轮椅被推着走的经历，小妞觉得滑稽，我也忍不住想笑。被推出大门时我们向她告别。我表示感谢后，想确定自己没有弄错她的名字，问她：“抱歉，罗斯·玛丽对吗？”她说：“不，玛丽·罗斯。”我们出去后杰夫笑着说：“我本想开个玩笑问她是不是经常被问到这个同样的问题，但觉得那样又不太礼貌，所以算了。”

因为一般都是叫罗斯·玛丽，很少人叫玛丽·罗斯。

当然，我们没有听她的，因为那天是我同事回国的前一夜。杰夫带我们去一家海鲜餐馆吃了饭之后，一路向南奔Doubletree宾馆，去见我的“第一个中国来访者”（杰夫语），在那里和我的同事朋友度过了一段短暂但是非常快乐的时光。

## 美国究竟是不是天堂

美国，这个有着最先进科学技术和最发达经济的世界唯一超级大国，究竟是不是天堂？如果不是，为什么那么多富人和高官想方设法让自己或让孩子移民美国，为什么每年全世界无数的偷渡者不惜冒生命危险向着这片大陆出发？如果美国是天堂，为什么有人来了以后度日如年，拼死要回去？

一直有人在问我，“在美国的生活究竟好还是不好？我去了真的能适应并扎下根来吗？因为有从美国回去的人说它其实并不是想象中的天堂。”我也不敢贸然说它是不是天堂，就说几个看/听来的故事，也许能有所帮助。

杰夫每两周去一次附近一家越南人开的发廊，修剪头发&做pedicure（剪脚趾甲并按摩脚部），常常叫我和他同去享受放松一下。在那里听到一个故事：一位老美娶的中国妻子（大概30多岁吧），来了以后不适应这里的生活，坚持回国了。3个月后，老美说，“如果不回来我们就离婚。”那女人只好回来，并为他生了个孩子，但还是觉得无法在这里生活要回国。我听后希望能联系到她（因为他们似乎就住在我们这一带。这个故事是那老美到发廊理发时说的，越南女人说他来过几次，所以她们知道故事的发展），也许她是因为语言不通和老公交流不好、对周围环境无法适应而感到孤独无依，如果我能认识她，再把小月也介绍给她，做她的朋友，带她去中国超市买点家乡食品，到我们家里串串门什么的，可能会帮她留下来。

我们留了杰夫的电话号码给越南女人，希望那个老美下次来时她们帮忙问问怎么联系到她，然后通知杰夫。可惜后来一直没有消息，也许她已经再次回国，也许他们真的已经离婚了……

偶尔去看了看很久没去的移民论坛，看见一个帖子，一个在国内生活不错的女人，嫁给一个收入不是很好的美国人，来了以后过得不顺心，觉得自己想要的东西不能随心买，决定离婚回国去，临走在论坛问现在这种情况怎么才能合法拿到绿卡。

这类故事让人心里总有点沉重。隔着大洋远距万里的两个人，交流沟通不易，等待签证不易，再最终团聚美利坚，是一个多么困难漫长的过程，有些姐妹英文不好，是拿着快译通这类小东西和老公吃力交流的（签证群里有个MM，上来问一个老公和她说的属于隐私的词，让我们爆笑半天），加上准备签证材料和等待面签的烦琐漫长，他们多么希望在美国和自己的爱人从此过着幸福快乐的新生活，而最后是这样的结果，实在令人黯然神伤。

相反的故事，是我的朋友M，在国内时是一家不错的公司里的部门经理，经常吃香喝辣，日子过得不是神仙也似神仙。自从跟着刚毅的好男人回到科州的家里，发现现实和理想有很大差距，主要是因为她老公喜欢打猎，是个喜欢宁静乡村生活的家伙，所以买的房子在偏僻的小镇，那里中国人稀少，她英语不好想找地方学习也找不到。她苦闷过，却没有逃回国去，以失败告终。在静下来理清头绪之后，她出去找了一份小餐馆的工作，虽然语言不好，却以自己的聪明坚韧和勇敢，在那里做得非常好，受到老板两口子的喜爱，现在他们已经是非常好的朋友，她的英语交流也已经没有问题了。

M后来在一家24小时便利超市上白班，收入不错，福利很好。她说一件很有趣的事是，每天有免费饮料免费食品，常常有免费最新电影DVD带回家享受。因为美国超市、饭馆的食物都必须保证新鲜，超过规定的保质期一分钟就不能再卖，那些咖啡呀，蛋糕呀，沙拉呀……一到规定时间就马上下架扔掉，那些食物在第59分钟和第60分钟质量差别真的那么大吗？

肯定不是，所以其实它们还是可食用的好东西，就是到了晚上也绝对没有变质，可美国人就是认为它们不能再吃了。（美国《侨报》总编乔磊曾经写过一篇《美国名校教授为啥要捡垃圾果腹》的文章，那个教授是个环保主义者，他捡的，其实就是这类过了保质期但其实还很新鲜的食品。）

所以，她这份工作除了工资收入不错，这“过期”食物为她带来的，不就相当于一份隐形收入吗？这样的日子是不是很有趣又快活呢？当然这不是她的终极理想，和我一样，我们只是在尝试寻找各种机会锻炼自己。我相信终有一天，她和我都会找到自己喜欢的好工作。

如果她不是一个睿智、能干、适应能力强的女人，我想她也会不得不带着遗憾回去。

顺便说一件女儿告诉我们的事，圣诞和感恩节快到了，到处在招临时工作人员，女儿去她一向喜欢的Forever 21（加州一个年轻人的品牌时装店，东西不是很贵，但是很流行很受人欢迎）应聘成功。上午开会训练新员工，经理说了几个有顾客偷商品时机智礼貌的应对措施，既不伤害其自尊和面子又能保护店内不受损失，其中一个是，如果看见有人拿了东西出门了就不要去追了，因为可能有危险，员工的生命远比商品重要。

写到这里我想起一件事，在美国，很多商业电话号码是这样的形式：1-800-abcdefghi（比如，一个叫Yellow的公司的电话号码是这样：1-800-go-yellow），001是美国区号，800是免费电话号码，后面的字母不是毫无意义的字母，而是两个单词，大多是公司的名称，或者与其业务相关的有趣单词。打电话时你只需要输入字母对应的数字即可，非常有趣，并容易记忆，几乎可以做到它即使一闪而过你也可以牢记于心。如前天我开车上班，看见一辆车后面大大地印着一个电话号码：1-800-think-fast，这个公司的名字就叫Fast Water Heater，专营热水器。这是一个广告，它提供一个异常简便的方式让人们记住其电话号码，争取了更多的商机。这类的电话号码例子在这里数不胜数。

可一些姐妹却认为：害得我一个一个字母去找数字，美国人怎么总是那么蠢，尽干这种脱裤子放屁的事。我理解这些姐妹，也许她们英文不好，所以这样的号码对她们既无记忆的帮助，也确实比纯数字更让她们费心地去对照拨号，是比我们原来的方法麻烦。但要说这是脱裤子放屁的蠢事，我想这却是那些姐妹的一个小误会。美国是英语国家，英语是母语，这样的做法对美国人只有方便而无不便，不仅不蠢，而且非常聪明（几乎所有美国人都知道一个号码：BR549，来自早期一个非常搞笑的电视节目。他们完全习惯了这样编排）。我们要做的不是抱怨，而是努力提高自己的英文水平，适应这里的一切。毕竟生活在这里，不改变，不适应，日子肯定不好过。

最后，我的结论是，如果有积极的心态，懂得感恩，与人为善，又能聪明地适应环境，其实在哪里都可以是天堂；反之，好条件的生活也可能过得如地狱般难熬。希望每个人都努力让自己生活在天堂里。

## 美国人的饮食习惯很糟糕

有一次，小妞的老师回去看望生病的父亲，所以那天早上她们没有课。她惊奇地说，老师自己都满头白发了，父亲居然还在。我说，忘记鲍勃的父亲了？去世时92岁，他母亲也健在。小妞点点头，“也是，美国人长寿的还不少，要是他们的饮食习惯再好点，可能活得更长吧？”我马上赞同，小懒蛋动了回脑筋，说得在理。

美国人长寿的确实不少，我所知道的有81岁仍然在学校做体育老师的，90岁在医院做义工的；我的两个心理学家老朋友，斯坦尼，82岁仍然世界各地飞，去开工作坊和讲课；英格丽，80岁去了尼泊尔助学；2013年我和杰夫在旧金山Ocean Beach看沙雕时，遇到一对97岁的老夫妇；美国媳妇QQ群里有位姐姐说她婆婆90多岁了，非常乐观幽默，和公公结婚60多年没有吵过一次架。

我没调查过那些长寿老人的饮食习惯，不过大多数美国人的饮食习惯确实不好，多肉少菜，烧烤煎炸，甜点饮料……因此美国人的心血管疾病发病率特别高，消化系统患病率及患癌率也超过多菜少肉的中国人。虽然据科学家说，西方人肠子的长度大约是5.4米（亚洲人大约为8.5米），食物残渣能较快排出体外，这最初让我有个误解，认为他们多吃点肉食无妨，所以顺着杰夫给他做了大量鸡鸭鱼肉螃蟹海虾，但是，后来一想，肉食里本身带有的有害物质有些是不会被排出体外的，其结果是引发比较严重的问题，所以现在狗哥没有原来那么爽了。

如果美国人真能改改他们的饮食结构，也许大胖子不会满眼皆是，也许他们人均寿命会更长。因为这里环境干净，树木花草遍地，空气清新水洁净，生活相对简单轻松，大多数蔬菜他们都习惯生吃（只可惜吃得少，典型的早餐连蔬菜影子都见不着），而且由于生活习惯不同，例如他们爱喝水（不过除了水，还爱喝咖啡、可乐、牛奶等）、爱运动（骑自行车、滑滑板、打高尔夫、游艇滑水）、爱打赤脚、爱在院子里劳作（几乎家家门前屋后都有院子，都种有花草和各种树木），他们在养生方面应该更有优势。

可惜追求享受的老美根本不理这个茬，翻翻餐馆的菜谱你会发现，大块的牛排猪扒培根香肠火腿为主打。大受欢迎的中国菜在美国也变了脸。我以前在熊猫打工锻炼时，来吃饭的客人几十个里能碰到一个以蔬菜为主的，典型的搭配是炒面+陈皮鸡（裹上甜酸汁的炸鸡，熊猫最受欢迎的招牌菜）+叉烧肉，有些是白米饭或者炒饭+双份陈皮鸡……不管怎么搭配，几乎都是饭（面）搭配肉、肉，还是肉。而熊猫创始人程正昌也说过，其菜肴特色是肉多菜少，因为菜多了美国人不吃。即使是三分之一的菜也算是多，因为我看那些肉里几乎都没有菜，有的也只是一点点芹菜或者洋葱加上香菜辣椒什么的调味，主要就是肉。

所以说我家狗哥是有福的，娶了我这只中国猫进家，俺猫爪一伸，生把狗哥从悬崖边给拽了回来。虽然周一到周五的早午餐他都不在家吃，我管不了，可是每天晚上和周末的时间他就得听我的。为了兼顾小妞的口味，我尽量做中国菜，菜肉混炒。或者虽然菜肉分开，但是蔬菜的分量一定是比较多的。好在不挑剔的狗哥一般我安排什么给他就完成什么，也让我心满意足。而且美国男人也实在好养。不管我做了大菜还是小点作为晚餐，他都会非常开心、非常满意地吃个精光。每次开吃前从不忘记谢谢老婆为我准备这么美味的晚饭，如果吃得开心了，那么吃完以后还要再谢一次。让我每次乐不可支，也常常偷偷羞愧。

因为有时候看书忘记时间了，或者想偷懒了，我是没有认真准备狗哥晚餐的。有一天下午我做了狗哥不吃的加了辣椒的火腿面条，和女儿吃得心满意足捧着肚子打嗝儿时，开始发愁该给不吃辣的他做点什么。想了想，干脆把芦笋、小胡萝卜、西兰花、蘑菇和一条加了苹果玉米的火鸡香肠一起丢进锅里清水煮熟，再洗三片生菜，然后拿了两片面包丢进吐丝机烤了烤，涂点黄油，撒点蒜粉，就这样一顿晚餐完成了。不过不管怎么偷懒，他的营养我是一定要保证的。偷懒只是程序简化，但是食材搭配我可从未含糊过。

狗哥回来后，自己拿了蜂蜜芥末和番茄酱挤在菜上，大口吃得津津有味，还一边不住嘴地感谢他的哈尼邦尼（honey bunny）老婆，辛苦给他做这么美味的晚餐。我开心地笑得嘴角痛，却暗地里愧疚得胃痛。

不过也有我不满意的时候。例如我炖了鸡汤，开始他不喝，不知道那是喝的，只把干的捞出来吃了然后把汤倒掉。后来在我的教导下总算懂得那清清亮亮的汤也是晚餐的一部分，不过还是喝得勉强，我也不逼他喝。不过蔬菜他就不能不按照我的要求完成了。

那天我在超市买了15%脂肪的牛肉末，回来加鸡蛋、沙拉油、芡粉（这样吃起来就不会感觉“柴”了）、绍酒、葱花、姜末做了香喷喷的牛肉丸子，和蘑菇、豆芽、小胡萝卜煮成丸子汤，炒了芹菜末鸡蛋，配上生菜和吐司，他吃得很舒服，消灭了所有丸子，最后把盘子往外一推，用半生不熟的汉语说：“七薄喇（吃饱啦）。”盘子里剩下一整片生菜（我有时候故意不切生菜让两个家伙抓着咔嚓咬，看起来是一种乐趣呢），我想他是吃饱了就没有介意，谁知坐在桌边和我说了两分钟话，他伸出手去拿巧克力cookie往嘴里放。

“什么？肚子还有地儿放那个？”即使想吃饭后甜点也要先吃完本就不多的蔬菜！我停下说话安静地看着他，估计狗哥看出了猫眼里隐含的杀气，马上乖乖地抓起那片生菜塞进嘴里咔嚓咔嚓嚼起来，我这才松开一脸的横肉，抛给他个拌了绿油油秋天菠菜的销魂一笑，受到鼓舞的狗哥鼓着腮帮把嘴里的生菜叶子嚼得更响了……

## 遭遇“美国城管”
## ——公寓区泊车需万分小心

硕士毕业大半年后，我先申请了一份帮助受虐/丧亲儿童中心的志愿者工作，一个月后又申请了一份在某上门帮助老年人公司的付薪工作。两个地方的面试和背景调查程序不一样，可接受我的时间却惊人地撞在一起了，义工和新工作同时开始。我突然变得特别的忙。因为同一时间，女儿带着她的一个美国女朋友凯特也从南加州回来住。除了给凯特准备卧室，给一大家子做饭之外，也和两个小丫头在旧金山各个角落探奇。

一时间，我的生活充满了各种新体验和新经历。总的来说都不错，唯有一个，给了我不重不轻的一击，那就是新工作带来的麻烦。正如我后面谈到关于对城市的探索，这次我探索的是美国公寓房，因为两个客户虽不在同一个地方，但都住在公寓区。公寓区，给了我一个不太友好的开始。

第一个客户是位60多岁的退休教师，因为做了膝盖手术才短暂使用我们的服务。因为公司说好了派人指导我开始，却因故未能到场，我硬着头皮独自勇敢开始。也许她觉得公司不尊重她，有些恼火，但又不便对我发作，所以开始还是非常和蔼友好的。在我快要结束服务时间，第三次也是最后一次问她问题时（因为不熟悉她家一些工具的使用方法），她终于垮脸开始抱怨了。不过她马上解释不是对着我来的，我没有错，她只是不明白为什么公司不派人来介绍一下情况。

虽然开始并不愉快，但也学到了不少东西，体验了《生活大爆炸》里佩妮和谢耳朵用的公共洗衣房，还是非常愉快和有成就感的，心下暗喜人生坦途，一马平川。

直到在第二个客户家的第一天，挣了30刀，却被罚款355刀，始知河有暗礁，须小心驶船。

被罚是因为停车的事。在公寓区停车真是一件头痛的事，那天杰夫送我去取车时，遇到三个也是在公寓区停车被拖的人，他们也非常沮丧和愤怒。

在美国停车要特别注意各种标识和特殊区域，如火警线区、残疾人专用车位、卸货专用车位、警车专用停车位、预留车位、本公司来访者专用车位等都是雷区，贸然停进去一定会引爆拖车或罚款大雷。

第一天去第一个客户家时，我非常小心地避开了写有“保留车位”的地方，一天安全无事。而在第二个客户家的那天早上，我小心地驱车转了一圈，只看见地上好几处长长的红色火警线，另有几个白线停靠地也被标上了“限停一小时”，但我必须在那里待一小时以上。除此之外，没有看见任何标示哪里是访客停车地。唯一有很多空位的地方是房子周围搭了棚子的停车场，没有公寓停车经验的我虽直觉那些棚子里的空地也许是雷区，但仔细检查也没见有“保留”字样，且客户服务时间快到了，公寓楼外面的街道也比较窄小不能停，只好抱着侥幸心理停了进去。

结果果然背运踩了地雷。完成工作出来时左瞅右看，左呼右唤（按电子钥匙的锁门键汽车会叭儿叭儿叫着回应）却怎么也找不到自己的车了。开始还以为是记错了地方，可在那个陌生的地方从前到后又从后到前地绕着走了好几圈，各处查看仍不见其芳踪。隐约感觉有些不太对劲了。赶紧抓住一对正带孩子在外面玩的夫妻询问，这才知道我的车被拖走了。

“啊，为什么？”

他们告诉我：“因为你停到了别人的车位上。”

我立马整理了下脸上的表情，仍然掩饰不住有些尴尬有些沮丧地问，“怎么才能知道哪些是别人的‘保留’车位啊？”

答：在公寓区，所有covered（有棚子）的都是保留车位……

OMG！对于我这个住单栋“别墅”有自己车库的人来说，哪懂得这个“潜规则”啊！已经非常小心了，还以为只要没有特别标示的就是安全的呢。

两周后无意中和我的客户聊起公寓区停车，80多岁在美国住了一辈子刚搬到这里的老太太说：“我很久没有开车了，如果我开的话指不定也会出你这样的状况。公寓区的这个停车规则我以前也没有经历过啊。”

不管怎样，找车来接我，去交款赎车才是正事。先打电话给杰夫，当时他在外面买东西没听见，又打给小妞。说了原因和地址后，好气又好笑的她正准备和凯特出来接我，杰夫到家了。小妞告诉他情况，他马上打给我：“待在原地别急，我这就来接你。”

在等待杰夫来接我的时候，小妞细问我详情并安慰。然后说，她和朋友们出去玩时遇到过这样的情况，已经被罚出经验了，因为她不知道我去的是公寓区所以没有事先提醒我。根据她的提示，我决定打印出一些纸条："如果我的车停在了不合适的地方，非常抱歉。我就在附近，您可以打这个电话XXX，我马上出来移车，谢谢。"以后去不熟悉的地方和公寓区时，如果实在不清楚泊车地方是否安全，就把那纸条贴在车前后。

我同时决定，以后每去一个新客户家，都要求公司给出客户的住地详细信息。如果有足够的时间，还应该先去"侦查"一下，不要再次犯这种"低级"的错误了。

尽管被罚那么多钱（拖一次355美元）是件很不爽的事，但反过来想，这事至少让我提高了警觉，远离所有可能的"雷区"，避免更多更大的损失，所以也不全是坏事，而且那天在那里等待杰夫来接我时遇到了几个人，像是上天为了安慰我的沮丧派来的天使，让我感觉非常温暖和快乐。那是两个路人和一个十几岁的男孩，当然他们对此事一无所知，他们只是非常友好亲切地分别出现在我眼前，给了我欢笑。

而杰夫的一次遭遇"城管"经历，就没有这么多其他的"快乐补偿"了。

"美国城管"其实是由私人物业公司或银行雇佣的工作人员，每天吃饱饭没事干就到处晃荡，看到有"违规"停泊的车辆就拖"老巢"里丢着，车主得赶快让人送自己赶来交一笔不菲的罚款才能领回自己的车。大家对他们又恨又怕，一般不会有好脸色给他们，所以我两次见到的"城管"都是黑着一张冷脸的大汉，和其他行业热情友好笑得满脸淌蜜的人们不同。不过那天尽管我心中不舒服，但想到自己确实有错在先，还是尽量用礼貌和尊重化掉了他脸上的冰块。

杰夫那次却是坐在“城管”车上“骂骂咧咧”一路到自己车前的，和生活中幽默友好慷慨修养极好的狗哥完全不是一个人。我每次提起就忍不住吱吱笑得收不住，他自己也咧嘴大笑。因为那次的遭遇确实令人气愤。

那是三年前我们买了新房子后，为了把老房子租个好价钱，他周末去重新装修。因为车上装了一大堆工具，为了方便他就把车停在我们车库门旁红色火警线前。这种地方确实不能停车，因为是怕万一失火阻拦了消防车的。不过当时他想就停短短的一会儿，而且是白天，人也在，如果真有火灾发生，他完全可以在消防车赶到之前就移开让出位置。没想到他拿了一些工具进屋上楼后待了几分钟整理完一个地方，下楼来出门到车库想继续搬运车内的工具，却惊奇地发现自己的车不翼而飞了！

他当时非常生气，说要仔细查查相关法律条文，因为是在白天，车库门大开着，音乐高响着的情况下，一切都说明家里有人，完全不会碍事，而那些人居然都不进来察看警告一下，而是偷偷把车拖走。后来当然气消了也就认了，狡辩会费很多时间和精力，没有必要为355美元大动干戈，毕竟自己有错先。

## 在美国考驾照的艰辛

路考那天早上10点，杰夫请假陪我开着自己的红色大越野车（路考可以开自己的车），带上绿卡、SSN卡和打印出来的网报收据，到Petaluma DMV（Petaluma车管所）考试。11点过一切手续完成，出来坐进车子，按照考官指令检查我的车况，其实也是考我对车内设施的熟悉情况，例如如何除霜、如何打开紧急信号灯，扭开左转向灯和右转向灯、刹车灯、雨刷、踩刹车等。一切正确完成，开始上路。整个过程几乎是平滑顺利，考官的指令一个也没有听错或做错，除了有点紧张出了两三个无伤大雅的小错之外（好像允许3个错误），觉得pass（通过）应该问题不大了。没想到回到DMV，考官嘴里吐出的是冷冷的几个字："很抱歉，你今天没有pass。"

她给我指出的错误是：

1. 在DMV门前起点处让我往前移动一点点时忘记把手刹放下来了（因为绷着脸的考官让我紧张），结果让考官人姐后仰了一下，我马上知道自己"情节严重"了……

2. 开出DMV考车专停点时，没有扭头后看。因为当时是从考车专线出发，后面一般不会有车，所以根本没想到需要扭头查看这事。但我当时真的谨慎地从后视镜看了一下，确认后面确实没有车的。这个令无数考生心寒、诅咒的"扭头"关还是拦下了我！其实除此之外，在路上每一次换线和转弯我都"察看后视镜+大力扭头"，可惜这仅有的一次还是被无情地"记录在案"……

3. 平行泊车之后驶回路中时她说我方向盘转得大了点……

4. 这是我到现在也没有弄懂的：她说在一次右转时我开到自行车道上去了。从外面回我家每次要右转的一个路口也有一条自行车道，每次都是在交通灯前大概100英尺处开始打灯进入，今天我右转的其中一条路口和我家附近的几乎一样，我就是按照平时的惯例操作的，靠近路口了才进入自行车道的。也许我切换得不够快，故在自行车道稍有滞留？这个确实很有可能。

5. 在刚过完一段25M/H（英里/小时）的路段，我正要开始加速，她突然转向我说："这里的限速是每小时40M。"干吗这么性急啊，25一过就必须马上狠踩油门提速到40吗？我是新手，加上您老人家拉着长脸坐在旁边我心里紧张，就不能以渐快方式加速吗？

最后一点，她说我经过大巴停车地时有点太靠近了。

杰夫看见我没有通过，很惊讶，搂着我边吻边说了几次"I am sorry, my sweetie pie（这真让人难过，宝贝）"，因为他一直相信我绝对没有问题，在中国和在美国他已经看我开车无数次。有一点他不知道：没有在国内开过车的，大多都能一次就过；而在国内有驾照的，一般会被"治理"几次才过。原因如我前面说的，他们现在也知道中国人开车的各种"坏习惯"，所以必须好好修理几次，矫枉要过正才有效嘛。这事儿我的中国朋友似乎都意识到了。

他陪我回家，然后开自己的车赶去上班，说等他晚上回来再和我细谈这次考官指出的所有错误，然后找时间多陪我练习练习，争取下次不让它们再现。

我在论坛看见多次说遇到考官心情不好的"事故"，暗暗祈祷我不要遇到这样一个，可正如俗话所说，怕什么就来什么。今天的考官是个50多岁的白人女士，个子不高，非常壮实，从门里走出来就一直绷着脸。我曾经几次对她微笑，试图让她脸上肌肉放松一点，让我紧张的心也放松一点，可全部被她严肃的眼神吓回去了。在上路之前，她的一位同事找她有事，我注意到他们谈话时她也是一直面无表情一脸严肃，这种情况在美国人中不多，所以我当时就把心提起来了。杰夫后来也说，"I noticed that（我也注意到这个了——指她板着的脸）。"杰夫和他的朋友们说起我的考试，看了反馈单子，都感觉有点吹毛求疵了，因为基本都不是严重问题。

不管怎样，还是自己没有充分准备好，无论问题大小都是问题，有毛病让人抓住也不能怪别人，所以我也接受了这次的失败，不是很沮丧，寄希望于下一次。杰夫搂着我安慰说，"没事宝贝，我马上给你约下次。我们再好好练练。"

晚上回来他打了半天电话，等了许久，得到的回答是我们附近的3个DMV的30天以内的路考都已经被预定满了。他说没事，"我们就天天打电话，直到预约成功（DMV只接受30天内的预定）。"

杰夫说他最爱的就是我的乐天性格，永远看到的是half-full（半满），而不是half-empty（半空）的杯子。是的，无论生活给了我什么，安然接受，永远微笑。因为不管你是哭还是笑，是接受还是咒骂，日子都得过。而日子是自己的，过得好坏都得过。

## 在美国开车一定要注意的

硕士毕业前夕最忙乱的那段，开车时在一个令人迷惑的复杂路段犯了一个低级的错误：逆行，其实刚出路口就发现不对，好在对面没有车，想赶紧转到正道上的，不幸的是当时路口正好有一辆警车，老猫我就这样在中国和美国开车多年后，第一次“犯事”被抓了，警察开了罚单，317美元罚款+交通学校学习（可以在家网上完成）。

我本来想去法庭对法官申诉一下，要求减轻或者免去罚款的，可杰夫和我去警察局询问交通学校的时刻表时人家说可以同时在这里交罚款，他就劝我说，“老婆，我看还是不要去找法官了，又花一天时间不值得，生命里有很多更重要的事要做（主要是我的硕士最后一个学期很快就开学了，加上要求极高的毕业论文需花费大量精力），而且你去和他谈了也不一定可以减免，不如今天就交了然后专心做该做的事。”他说我去和法官说了也不一定能减免，这只是他自己的想法，我却不那样认为。不过不想和他争论，想起那晚在casino赢了908美元，算了，交就交吧，如果不是读硕期间，我一定要去法庭争取的。那天确实情有可原，我的美国同学听了也说你去找法官说明情况应该可以免去罚款的。

花钱买个教训是应该的，以后要小心更小心。**顺便把在美国开车应该注意的一些重要事项（主要交通法规，不是全部）写出来，供大家（在不在美国开车的也许都有兴趣）了解和参考。主要以加州交规为例，其他州大同小异。**

1. 在美国开车如果被警察抓住，断断不能立马拉开车门钻出来站成S形扭成麻花状（这是我们有时开玩笑说的美女姿态，媚惑拉拢一下警察以得到从轻处理）。这样做甚至会有生命危险，因为警察会误以为你要暴力反抗而先出手甚至开枪制服你。正确做法是待在车里，摇下车窗，双手放在方向盘上，等警察要求你出示驾照或者保险证时再开始动作。

2. 避让紧急车辆。如果听到后面有警车、消防车、救护车等鸣笛飞奔过来，必须迅速观察，在安全的情况下把车移到右边路肩上停下，绝不能置若罔闻继续前行堵道。在加州开车，看见过两次这样的场面：有警车或者其他紧急车辆闪着顶灯鸣笛驶来，所有路上前行的车子几乎同时打开转向灯，迅速避到右边路肩上，甚至逆行车道上的车也纷纷靠边停住（中间没有隔离路障），场面很壮观，也很感人。

3. 开车打电话在加州不允许。开车用手机第一次被抓罚148美元，第二次及以后开车用手机罚256美元。曾经有朋友从亚利桑那州过来不知道加州的交规，一路手机压在耳旁边说边走，我看了赶紧提醒，他非常感激。（其他一些罚款情况：开车发短信罚148美元，违章停在商业卸货区罚976美元，开车双耳戴耳机罚178美元。）

4. 任何时候，直行车优先。冲黄灯不犯法，但是看见黄灯亮起应及时减速准备停车，如果离路口已经很近则不必急刹，可以直接过去。在路边等着转入正道的车辆，**必须等左/右没有近距离的车了才可以转出**；在红绿灯前等候的车辆也一样，大多数情况下右转时不必理会红灯（除非是红色箭头），但是要先察看，让左边直行道上和前方左转车辆过了以后才能转。直行灯和左转灯同时亮起，左转一般要让直行先过。

在美国开车，记路对我来说是个大挑战。在国内时全靠辨认一些标志性建筑来记忆，而到了北美这个地大人稀的国家，路两旁最多的是各种高大低矮的树，虽然也有居民住房以及加油站、超市、大型商场、小咖啡店、饭馆、银行等，但不像在国内那样紧密连在一起，很多路段中间是大片草坪或者花园、湖泊等，在我看来它们都那么相像，所以只得靠辨识路牌来认路，可是这里的速度在绝大多路段比国内快多了（高速路上尤其不能速度过慢，大幅减速等），稍不注意就冲向下一个路口，好在杰夫给我买了GPS。

5. 对安全带和儿童座椅的要求十分严格。驾驶员及所有年满16岁或体重达到60磅的乘客必须系安全带；凡未满6岁或体重60磅以下的儿童，必须使用经联邦政府批准的儿童安全座椅，且如无特殊情况，儿童座椅需安放在车辆的后排座位上；6岁及以下的儿童不能单独留在车上，除非另有年满12岁者照顾。我朋友小月的女儿非常懂事，未满12岁时我们也从来不敢让她单独留在车里照看4岁多的弟弟，如果不是大家全部下车时，小月或者我总有一个人留在车上陪着小强尼。

6. 尊重行人的先行权。不管行人有多少，走得有多慢，驾车者一律停下来耐心等待，刚开始我还不习惯，看见有车来就赶紧站住，可是车子都会停下来，司机微笑向我示意可以通过，我非常感动。行人包括步行者、使用旱冰鞋或滑板之类作为交通工具的人，以及使用三轮车/四轮车/轮椅的残障人士。

7. 在美国驾车给我印象最深，感觉与国内最不同的是在不同的路段有不同的限速标志和STOP标志，你得随时注意路旁的限速提示调整自己的速度。一般情况下，普通公路上的速度为35～55M/H，商业区、学校附近、住宅区内等为25M/H，高速路上是55～70M/H，超速绝对不行，低于限定速度太多也违规，因为你会阻碍交通的流畅性。STOP标志主要设在那些没有红绿灯的路口和商业区停车场以及住宅区路面，通常停留短短的两三秒，观察路况然后前行，在STOP标志前没有停，被警察看见的话罚款是214美元；如果先后有几辆车到达路口的各个STOP线前，就按先来后到的顺序依次开走，或者有时候有几辆车几乎同时到达，这时一般是位于驾驶者右边的车有优先权，有些好心的司机会挥手示意其他司机先走。

所以在美国开车，对视力的要求非常严格，一是出于看得清楚的安全考虑，另一个也是因为驾车者之间有大量“眉眼传情”举动——从其他方向来车时你要注意那些司机的表情，这样才能有效地传递或者接收信息。还有，在我的《加州驾驶手册》里有这样一句话：“请记住，如果行人用目光注视你，则表明他/她准备穿越街道，应让行人先行。”

金门大桥是进出旧金山的主要通道，为保证交通顺畅，周一至周五，每天早晚都有工作人员开着车调整大桥上的隔离线，大桥很宽，两边一侧是行人专用，一侧为自行车专用，中间有6条车道，早上上班高峰他们会把进城的车道调成4条，而傍晚下班高峰则调成出城这边为4

车道，周末因为进出城的人都很多，所以调成每边各3条，非常高效。

8. 如果在行驶中遇到运送孩子们的黄色校车，必须很小心，不能超车，如果校车停下来让孩子下车，它后面的红灯会不停闪烁，提醒后面的车必须停下等所有孩子下完并走上安全人行道才可继续前行。此时如果强行绕道超车，罚款616美元。

9. 对于驾驶者来说，一个特别需要注意的事是：变换车道或者转弯时须必须扭头察看盲点。我原来在国内开车时从没听过“盲点”一说，都是看看车内和车窗外的后视镜就行动了，到这里后，我专门观察过，确实存在盲点——在我旁边道上后面一小段特定的距离内，仅从后视镜是看不见有车的。在美国车多、速度快的情况下，不注意就会出问题。所以这个“扭头察看”在驾照路考中害苦了不少中国人，很多是在国内开了多年车的老司机了，还是一样栽倒在这里……

10. 在美国，有一条非常好的交通法规：不允许开车（或停车）去围观事故现场，否则会被送进监狱。因为去围观势必会影响救援工作，而且有可能造成新的更大的伤亡。记得多年前我们家附近的一条路上发生车祸，很多人去看热闹，结果一辆从高速路下来的大型货车因为刹车失灵冲进围观人群，又造成一场更大的灾难！

11. 在北美开车，还常常遇到一种国内几乎不会有的情况，就是小动物会突然窜入路中，除了在闹市区的街道上，其他地方包括高速公路上，都会有这样的事发生，开车外出，不时会看见小动物的尸体在路边，小浣熊、小狐狸、野鸡、松鼠……有时甚至是野生的大鹿或者熊。这是因为北美生态环境好，对动物的保护也较为到位，动物没有因为惧怕人类而躲进深山，在夜深人静的时候常常潜进人们的院子偷水果，或者横穿马路，但习惯夜间活动的家伙们对于汽车亮晃晃的大灯非常不适应，所以窜出来后会被那两道强光吓得不知所措待在路中。遇到这种情况千万不能试图躲开（除非是在很远的地方看见，有足够的时间减速绕过），猛打方向盘是最可怕的处理方式，一定要马上大幅减速，或者急刹，或者，直接撞过去……没有时间反应的时候，最好的方法就是最后一种，虽然，我也心疼那可怜的小家伙，可是，如果不这样做，被杀的就是司机自己或者后面的驾车人。

所以，在美国开车，千万不要跟车太近，否则，前面的车遇到紧急情况你也很难幸免！再有就是，不管坐在前后排都要系上安全带，后排乘客不系安全带罚司机的款；深夜开车的速度一定要比限速低些，尤其雨天路滑时。

# 让美国佬发晕的英语&英语脏话趣事

先说一个网上看来的笑话：某男，粗通英文，至使馆，有表要填，有一栏是：Sex，该男思之良久，毅然下笔："Once a week"。签证官观后爆笑，曰："This item should be filled in with male or female。"

该男顿时赧颜，思之，填下"female"，官愕之，曰："Shouldn't it be male? "男急释曰："I am a normal man，so I only have sex with females。"

好了，热身操做完，下面切入正题。

## 冥想变成了自慰

我临睡前不时做做meditation（冥想）已经是惯例。

读硕士前有一段时间，每晚电视节目告一段落开始广告的某个时刻，我从沙发里狗哥的肚子上直起身来，扭身按住他吻过"晚安"后偶尔会随口念叨一句："Twenty minutes of meditation，then Cat will sleep like a pig（20分钟冥想之后，老猫就会睡得像头猪了）。"

狗哥的脸马上堆出比4月里阳光下的加州罂粟还灿烂的笑容，挣扎着用被老婆靠得发麻的手臂使劲把老婆一头再薅进怀里："嗯嗯嗯，meditation，很好，老婆你做过后会睡得像块石头的（sleep like a rock，老美不说睡得像猪而说睡得像岩石），去吧去吧，快睡吧。我终于有自由的空间可伸缩自如了（这最后一句当然没敢明着说出来）。"

可是自从在性心理学课上学到masturbation（自慰）这个词后，老猫原本清晰的大脑被搅浑了。

那天晚上，看完书后晕乎乎走到沙发前，栽倒在狗哥肚子上睡眼惺忪看了十几分钟电视，实在撑不住重如千斤的眼皮，边咕哝着“做20分钟的masturbation后会sleep like a pig”边噘起猫嘴寻狗嘴。初闻老猫胡言的狗哥被吓呆了，老婆居然理直气壮宣布要masturbation才能睡着，都忘记伸头接应老猫了（其实是这里老猫篡改了一下，事实是，狗哥愣了两秒，然后捧着狗肚皮笑得沙发和老猫一起乱颤：“老婆，你要masturbate啊？”当然没有机会和时间接应老猫的嘴了）。狗哥吼吼吼吼地豪爽大笑，惊得院子里狂展歌喉勾引母蛙的青蛙王子立马噤了声，差点被抖落到地板上的瞌睡猫也顷刻被振得十二万分清醒了！

捡了便宜的狗哥乘兴再踩猫尾巴一脚：“等我们回爱荷华，你给Mom（我婆婆）说说每晚你必有masturbation才睡得好的事，看看她会是什么表情，好不？”我说：“好啊，会有什么新鲜表情，里嫩外焦呗——这下轮到老外你听不懂了吧——被雷成那样的，哈哈！”

前段时间临睡前想到这个典故，又逗了他一次：“先做会儿masturbation再去睡觉。”这次他听了花枝乱颤狗头狂点：“没问题，去吧去吧，enjoy（享受）哈，只要动静不要闹得太大就行。”

## 信口雌黄说cock

其实，我和狗哥之间还有一个尴尬的笑话，这个笑话有关一个词：cock，我们的教科书解释它的意思是“公鸡”，大家从未怀疑过它的正确性。因此，在我们认识不久时，有一次和他闲聊，说到美国地图像只公牛（ox），而中国地图像只公鸡，我说的就是“China map looks like a cock”，狗哥当时一愣，不太确定地问我：“像什么？”我说：“cock，”还一个字母一个字母拼给他听，“c-o-c-k，cock，知道吗？”他脸上的笑登时变得有些吃惊，有些勉强，又有些不可捉摸：“你为什么觉得它像cock呢？”我解释：“你看呀，这里是它的尾巴，这里是它的头，这里是肚子……”这下他终于明白我在说什么了，松了口气说：“现在我知道你指的是什么了。”

事实上，cock这个词美国人（包括英国人）现在都不把它当作“公鸡”之意，而指的是男人身体的某一独有部位（中国也有相似说法），而且，和中国的那个说法一样，是不上大雅之堂的，只能夫妻、恋人之间或者要好的朋友间使用，而真正的公鸡，他们另有一词：rooster。

来到美国后，有一天想起这事独自狂笑，笑过之后和狗哥说这事，他居然记不起来了，老猫我心里暗自得意，看来形象没有坏到哪里去。他说：“佛罗里达才是美国地图上的cock，而密西根则像hand。”我马上去找地图看了看，还真是那么回事。

有个笑话，一位中国大姐到超市买花生peanuts，结果说成penis（和cock一个意思），拉住人家服务员小帅哥大声问“penis甩卖？”小帅哥被她的豪放吓得面红耳赤，不知所措，旁边一脸黑线的女儿赶紧一把将她拽走了。呵呵，这是自己发音的问题哦，一定要注意啦。

不过中文也有让狗哥等洋鬼子晕菜的时候，对他来说，“性交”和“香蕉”就是很令人头大的词，得十分小心，不然“我不知道自己是如愿以偿得到一个banana（香蕉），还是a slap on the face（一记响亮的耳光）”！类似“红烧屁股”和“红烧排骨”的笑话想必很多朋友都听过了。

## 英语里的脏话

从不说脏话的大概只有圣人。Fuck、bitch、son of bitch、shit……这些骂人的英语，我想所有看过几部美剧的国人都很熟悉。虽然我们的教科书里从来不教这类词汇和短语，但是它们从老美们嘴里出来的频率太高，所以大家都课外学会了。

有天早上起来，无缘无故鼻塞流涕打喷嚏，转眼之间纸巾就用了一堆，头都擤痛了，我愤愤地边从盒子里扯出又一张捂在鼻子上，边大骂一声："Damn it！”车库里的狗哥惊问："怎么啦？”我气哼哼地回答："The fucking running nose made me headache（TMD清鼻涕搞得我头痛）！”那边闻言先幸灾乐祸呵呵狂笑，随即反应过来恐要惹祸，赶紧补了一句“Oh，my poor cat（噢，我可怜的猫咪）”，再很响地丢给我一个飞吻以压住我躁动的飞毛腿。

fuck，我猜应该是国人最熟悉，用得最多的。前段时间看一个视频，旧金山一辆公共汽车上，不会英文的华人大嫂和黑妹吵架，不管黑妹叽里呱啦说了什么，大嫂只是一遍遍仰头冲她激昂地大喊，“Fuck you！”“Fuck you！！”让我想起秀才遇到兵的说法，看得好笑也过瘾。估计黑妹被郁闷坏了，哈哈。记得看过一个故事说中国妹妹和美国佬发生冲突，也是愤然大骂“Fuck you”！不料那家伙竟然嬉皮笑脸问道，“Really？When？Now（真的？啥时候？现在）？”中国妹妹说，“我赶快溜了，以后也不敢随便就说这俩字了。”

女儿的缝纫课上有个40多岁的美国女人，在做课堂作品时被热胶烫了手，大叫一声“Fuck！”把旁边腼腆的男同学吓了一跳，吃惊地扭头看她，她羞赧地笑了，“I mean，ouch！”（我其实想说的是，哎哟！）

bitch/son of bitch，应该也是大家很熟悉的，女儿艺术课有个卷卷棕发小平头的同桌，虽然一脸络腮胡子，说话的音调却高且黏，每次在学校里碰到她，都会尖着嗓子隔老远地叫“Hi，Sunny！”第一次上课他来晚了点，看见女儿旁边有个空位，他走过去娇滴滴地问：“Can I sit here（可以坐这里吗）？”女儿点点头，他羞涩地笑了笑坐下，然后掏出一颗水蜜桃口味的口香糖给她吃。女儿说，我马上就怀疑，他是gay（同志）。然后大家都安安静静地做着自己的课堂作品，而女儿的同桌却因为老是不能把小纸片放在正确的位置而不停的尖叫，“Oh，shit！”最后一次，他直接把小纸片一摔，尖叫一声，“Bitch！”这一下，整个组都停下了手上的活抬头看他，他立刻红了脸，“Oh，sorry，I mean，this is so difficult（噢，抱歉，我的意思是，这太难了）！”女儿说，当时他那样子真是可爱死了。（杰夫说那确实是gay和女人说话的方式，直男们是不会只说“Bitch”的，他们说“Son of bitch”。）

shit 这个词，美国人在公开场合很少用，他们用另一个词代替：shoot。当搞砸了事、手气不好、遇到一些沮丧的情况时说shoot，就是shit的替代，相对于shit的粗俗和粗鲁，shoot要显得温和、文明些，无伤大雅。我们在爱荷华和婆婆他们玩游戏时，听得最多的就是这个词，桌子上大家边“shoot”边哈哈笑，一次婆婆连续几次失利，实在急了，冒出一句与众不同的“Shit”！妹妹洛雪儿马上摇头，“Oh, mother（嗨，妈妈）！”婆婆很难为情地扫了我们一眼，赶紧说，“噢噢，抱歉！”

shoot还有另一个常见的用法，如果你问某人，“Can you please tell me something about...”/“Can I ask you a question...（可以请教你关于……）？”他回答，“Shoot”，意思就是“说吧”，相当于“Go ahead”（因为其原意是射出、射击，很形象地表达出要你shoot出你要说的话），这个时候你千万不要以为他是在骂你哦。

有一次去超市购物出来，走近我们的车时，看见几只小鸟在车后吃东西，我们推着购物车走过去时吓跑了它们，其中一只钻进车底后从驾驶室下面跳出来，居然对着我们啾啾地“大骂”，我乐了：“它骂我们……”杰夫说：“我们打扰了你吃饭，很抱歉，可这是我们的车啊，我们要开车回家了。”我笑弯了腰：“它骂我们用的是美式英语吧，只有你能听懂，说脏话了没有？”

## 在世界最美的城市里探索暗夜的诱惑

女儿和朋友凯特从南加州回来，我们计划了一趟探密探险之旅：去体验旧金山的脱衣舞夜总会和卡斯楚街（Castro Street，即国内俗称的“彩虹街”，顾名思义就是同性恋聚居的地方）。

旧金山是世界最美丽的城市之一，也是一个内容极其丰富复杂的城市。在20世纪及21世纪初一直是美国嬉皮文化和近代自由主义、进步主义的中心之一。这里住着全球最富有的人，住着著名的艺术家、作家和演员，同时也住着穷人和罪犯。

每天都有成千上万的人从地球的各个角落，带着不同目的来到这里，而居住在旧金山湾区的我，则把探索它的每一寸土地作为一个巨大的乐趣。

对城市的探索于我，犹如对人心灵的探索。我们要触及的是某些隐秘的、被压抑的部分，极其诱惑迷人却无法公开显于人前，它就像荣格心理学中所说的“shadow”，阴影。

因为家庭和社会规范的限制，我们不得不压抑很多自己的天性，戴上各种人格面具，以适应生活在其中的大群体，得到其承认。被压抑的那部分转化为阴影深藏起来，我们自己看不见，即使它们偶尔冒一下头，我们也会觉得不安和罪恶，马上再度排斥和压抑下去。阴影就是你不知道的自己心灵中的隐秘部分，那部分恰恰是最真的你，最诱惑、最迷人。

我们从未去过脱衣舞夜总会和卡斯楚街。以前出行总是开车直奔目的地，忽略了很多城市里别致的人文风景。那天我们决定不开车，就靠着双脚、巴士、地铁在旧金山街上和地下穿行。手机里的Google地图和好心的巴士司机、导游，以及自己好奇的心，帮助我们完成了十多个小时的探秘和冒险。

那天中午，凯特与她住在旧金山、素未谋面的亲戚电话约好了一起吃午餐，临分手前她有些忐忑地说："我从未见过这个亲戚呢，仅和她交换过几次邮件。不知道她是什么样的人。祝我好运吧！"我和小妞边转身向唐人街走边大笑着挥手说："Good luck（好运啊）！"

我们去了唐人街一家广东点心馆，点了皮蛋粥和油条、鸡爪、鲜虾肠粉、糯米鸡等七八样美味慢吃细聊着，非常舒心。因为小妞和我一直就像姐妹或闺蜜，可以聊最放松和最私密的话题，包括关于男人的一些隐秘话题。

大约两小时后，三人在联合广场对面的Macy's三楼星巴克里集合。凯特很开心地告诉我们，这个亲戚不错，不仅请她吃了顿免费的美餐，而且给了很多实用的建议和鼓励。

我们听了和她击掌欢庆。然后开始了在这个城市的"探险"。

由于时间尚早，那些"暗夜里的诱惑"尚未开始，我们先搭地铁去了金门桥公园。逛完后天色已经转暗，在问路时幸运地遇到好心的双层敞篷观光巴士（Open Top Hop-On Hop-Off Sightseeing Tour Bus）司机和售票员，只象征性收取了每人两美元（正常票价是27美元/人，48小时内可凭票不限次数和地点搭乘此车），就把我们送到离目的地不远的地方。售票员兼导游是位非常帅气的年轻爱尔兰小伙，车行过程中来到我们坐的二楼，热情地和我们打招呼，风趣幽默地介绍沿途经过的特色街道、涂鸦房子、美味餐厅。

下车之后，走了几个街区，终于看到散发着七彩光芒的“Castro”霓虹大牌子。这条不到一公里长的小街，就是传说中的“世界同性恋之都”——“同志”们的天堂——卡斯楚街。

街道两边到处是随风飘舞的“彩虹旗（同性恋的标志旗帜）”，路上随处可见成双成对的男人，手牵着手走过，或者站在街边热吻。

这里40%以上的居民是同性恋。在这里，他们不用担心别人会批评或另眼看待；在这里，他们自由地尽情地享受着自己的爱和性。

据说这条街成为同性恋聚居地的原因是第二次世界大战后，美国军方将大批被开除“同志”士兵集中到旧金山卡斯楚街，以后越来越多的“同志”被吸引到这里，最终形成了今天的同性恋之都。自从淘金热之后，旧金山成为全世界最开放、最新潮思想和行为的发源地，所以也顺理成章，成为对同性恋最为宽容的一个城市。

每年6月旧金山都会有一个大型同性恋游行，起点就是卡斯楚街。游行队伍除了有穿着奇特服装的同性恋者外，也有大量支持同性恋的异性恋者。翻翻旧金山旅游局的特色旅游项目手册，“同志”游行项目赫然在列。

从窗口望进路边的餐馆，与我平时在别的餐馆见到的一男一女对坐不同，里面很多餐桌边相对而坐的是两个男人。这里的同性恋者大多数是男人，因为美国社会对女“同志”的接受度更高些，且她们也更喜欢稍微私密些，所以她们主要散落在普通人中间而不是在如此显眼的地方。

走进一家情趣用品店，琳琅满目的商品让我们目瞪口呆："同志"们的玩具、性用具和画面火爆的杂志等，种类五花八样，应有尽有，很多都是我们从来没有见过的新奇事物。墙上悬挂着两个大的液晶电视，播放着同志"爱爱"的影片，辛辣程度直接爆表。比起正常的成人两性用品店，视觉和心理冲击力强烈好多，实在让人三观颠覆。

我看到门边台子上有一些大概巴掌大的心形棒棒糖，随手抽出一支，上面是火辣辣的"I'm horny（我欲火焚身）！"我马上举着它让小妞给我拍了一张照片，发给杰夫。再抽出一支，居然正好是个完整故事：Fuck me（和我做/干我）！

我们的晚餐是在彩虹街其中一家餐厅吃的。餐厅里基本都是一桌桌的男人，我们是唯一的"异类群族"。小妞和凯特开着玩笑："这里男人好多，却不会有任何一个人会请我们喝饮料和酒。他们连多看我们一眼都显得奢侈了。"

不过我们毫不在乎，只顾怀着新奇和小小的激动讨论着饭后的计划。

可惜由于没有做足事前的调查工作，最终未能如愿找到一家想象中的那种同性恋吧，进去喝酒和观看他们的活动。哈维酒吧是这条街上名气最大的酒吧，但里面的男人们都温文尔雅，边饮边聊，不是我们希望的那种比较"劲爆"的音乐震天群魔乱舞的模式。

三人快速商量了一下，决定搭车去另一条街，Broadway street 的脱衣舞俱乐部。

到达之后在几家之间大概看了一下，选了一家有售酒精饮料的决定进去。一般这样的地方大多不售卖含酒精的饮料，避免酒后发疯，酒后乱性。

和门卫简单交谈了几句，要求看我们的ID，因为这种地方18岁以下不能进。在美国，身份证明一般都用驾照，上面有照片，有住址，有出生年月以及身高、体重、头发眼睛的颜色等。

那天不是周末，所以人很少，舞厅里只有七八个观众，其中只有两个是男人。我想起杰夫和几个男性朋友告诉过我，他们并不喜欢去看这些，因被脱衣舞娘搔首弄姿、妖魅性感的舞蹈和身体惹得血脉偾张，欲火高涨却无处扑灭，只能坐在那里自己难受（这真应了一句话：花钱买罪受）。舞女不是妓女，她们只表演而已。

我们在吧台买饮料时顺便换了一些一美金的零钞，用来付给自己喜欢的舞女小费。小费可以扔在舞台上，也可以塞进舞女们的丁字裤里。他们会撩拨地撅着丰润的臀部对着你的脸引诱般摇晃，如同说着无声的“谢谢”。

第一次如此近距离地直面女人的这个部位让我颇有一丝尴尬。小妞和凯特却比我勇敢，她们居然饶有兴趣地同时注意到舞女们的bikini wax（比基尼部位除毛）做得非常棒，细腻得连毛孔都几乎看不出。年轻的心里有别样的世界。

回到家已是次日凌晨，虽精疲力尽却心满意足。

## 在美国买“禁书”

接连造访两个从前在我们的概念里属于“禁地”的地方，不禁勾起了我第一次在美国买“禁书”的记忆。

那是初到美国第一年的圣诞节前夕，在Target超市把一家三口的照片做成贺卡之后，我们直驱书店，去给有每天清晨阅读半小时习惯的杰夫买新书。买完以后往外走时，突然想起我自己一直想要的一样东西未买：*Playboy*（《花花公子》）杂志。

把要求跟杰夫一说，他笑得声音都打了滑：“You wanna buy a *Playboy*? You dirty girl（你想买《花花公子》？你这个色女孩）！”美国人一个可爱的地方是，甭管多老的女人，他们都可以称她为girl（女孩），表达了一种亲热亲切的感觉。

不过他说，那种杂志书店里不卖，因为书店是孩子们也经常光顾的地方。然后开车带我去了一个成人用品商店，里面除了女人情趣内衣和琳琅满目的成人玩具和用品，还有各种各样的“黄色”杂志如*Penthouse*（《阁楼》）、*Hustler*（《好色客》）、《花花公子》等和各种A片光碟。

其实《阁楼》《好色客》才是真的比较dirty（黄）的，《花花公子》相比之下clean（干净）得多了。我这个乡巴佬儿都没有仔细翻看，马上就选中了心里早已内定的《花花公子》。这类杂志在美国合法销售，但必须是18岁以上的成年人才可以买，如果你看起来太年轻，售货员会要求看你的ID。

回家后，我迫不及待打开这期《花花公子》仔细阅读，发现它其实和国内的《男人装》几乎差不多，只是暴露的尺度稍微大了一些，有些比较热辣的照片和有趣的漫画。不过确实不像我想象的那么dirty，主要是女人美丽的裸体较多，表情姿势都极为性感诱惑。里面的文章也非常有思想，上档次，不像我们以前以为的是庸俗下流的“色情”杂志。应该说它是“带色”的、充满哲学思考和品味的杂志，所以才能合法公开销售。

## 最能安慰乡愁的你

乡愁对于我，更多的是明月清风、松林竹影、腊梅牡丹、古筝琵琶，唐诗宋词、红楼西游，梦里的江南，烟雨斜柳，小桥清流……不管走在世界哪一个角落，那突然入眼穿耳而来的意境和旋律，定能触发一丝淡淡的愁绪和薄薄的泪光，清晰了记忆深处已然模糊了的感觉。那感觉与生俱来，融进血刻入骨，那是我基因中的根，我的祖先，我为之骄傲的文化传承。

当我还在国内，处在那个环境中时感受不强烈，而远离它之后，很多东西如老子的大智慧，欧阳修的浪漫，苏东坡的幽默，曹雪芹的丰富等，变成一种甜美而感伤的记忆。如今在美国安家五年，我已渐渐熟悉并爱上这里，有了归属感，但也不会忘记来路。

不过乡愁也能被另一种东西安慰，这东西，也是我的文化传承里的一部分，它是叫作“中餐”的东西，每一个身在异国他乡的中国胃都会被它安抚得妥妥帖帖。

人在异乡，什么×名菜、×大菜系的菜都不如家乡菜令人魂牵梦萦。虽然各地各国菜肴里都有自己喜欢和享受的，但偶尔在一家不起眼小餐馆发现的，或原料齐全后在家烹制出来的某道菜，那地道的家乡味让人生发出的欣喜和满足，难以言喻。在各种火锅底料、老干妈等几乎一切国内有的，也能在这里的华人超市买到之后，在折耳根也在美国的公园里找到并“偷”回家种进菜园之后，唯一的遗憾是贵阳酸粉在这里无踪可寻。小妞说，如果能吃到，我俩一定会激动得抱头痛哭。

有一个学期，早上有课时，我常用拉链袋装着自制火鸡或火腿三明治，带去学校食堂挤点辣酱在上面，一边看书一边慢慢啃。可恶的是，在美国的餐馆里，很多辣酱都是带甜味的。这个时候，脑海中一次又一次浮现的，是家乡那碗热乎乎、油汪汪漂了翠绿香菜叶子和小葱的牛肉粉，撒点碎辣椒和花椒粉，再加点蒜泥、酸菜和山西老陈醋，把筷子伸进去搅一搅，热腾腾带着醋蒜的香味被深深吸进五脏六腑。唔，我想得眼泪都要出来了。

乡愁，在那一刻，就是一碗牛肉粉，加了辣椒加了花椒加了蒜泥倒了老陈醋撒了葱花和香菜……

有天下午，五点过听到女儿回家的敲门声，我从书里抬起读了一整天已经开始冒星星的眼睛，晃悠着过去给她开了门。谁知门一开，4只饥饿的老小眼睛一对望，瞬间脸上笑出花儿来！娘儿俩心有灵犀，一拍即合。那一刻英雄们眼里全是：香辣火锅！她马上奔卫生间洗手准备洗菜，我即刻扯出锅碗瓢盆调味料开始制作。

半小时后，一锅热腾腾飘着诱人红油的香辣重庆火锅登场了，午餐肉、土豆片、火腿、大虾、粉丝、黄花菜、海带、豆芽、豆腐块、青菜……再弄出一碗自制泡菜，倒出两杯果汁，盛好两碗白米饭，立马哧哧啦啦稀里哗啦吧唧吧唧，甩开双手和腮帮子开始大干。

其实，吃火锅是前一天就说好的事，所以骨头汤是事先炖好的，干货是预泡发的，我们4只老小眼一对的那刻，只是对上了马上就吃的信号。平时都是六点过吃饭，那天正好母女俩都提前饿了。

女儿说她看了一篇文章，大意是说，在国外的中国同胞们，一边痛苦地思念着家乡的美食，一边却已在不知不觉间习惯并爱上了这里的食物。非常奇妙，这也是我和小妞儿的真实写照。在抓心挠肝地想念着国内热汤热水香辣可口的饭菜时，美国这里各种档次各个国家的某些食物和各种甜点也开始让我们惦念。

有一天上午，给小月打电话，问她一位朋友的号码。

她告诉我之后，问："你现在在干吗？"

我说："没事做，看看书什么的。"

她问："那来我家吃火锅不？"那一瞬间我有点心花乱放了！

马上扭头对宅在沙发里埋头电脑上的小妞说："去小月家吃火锅！"

小妞双眼放光，问："走路去还是开车去？"（走路就是10分钟的事）

我答："当然开车去！"（快11点了，还没吃早餐呢）

于是，母女换好鞋子冲进车库发动大车一溜烟冲到小月家。

99大华超市买的火锅底料，小鱼、大虾、鱼丸、蟹棒、牛肉片、午餐肉、青菜、土豆、茄子、西葫芦，三个人吃得热气腾腾，笑声一片。小月儿子小，不吃辣火锅；她女儿在社区中心做义工，不在家。

饭后她再烧水泡了一壶花茶，加进枸杞和菊花。我们坐在桌边悠闲地喝着聊着。

最后酒足饭饱肚子溜圆的母女俩打着嗝儿爬上车，和亲爱的小月"挥泪"告别，去超市买了一些今后3天要吃的食物。

那样的时刻，看着中国脸，说着中国话，吃着辣火锅，喝着菊花茶，满心的快乐和满足。乡愁被挤得无处现身。

# 后／记

## 一个充满爱的美国传统大家庭

自从和杰夫确定了恋爱关系，他就一步步把他亲爱的家人介绍给我，我们的很多次谈话和电邮，都有那个大家庭的影子。在了解了他们之后，我确信，要嫁的这个男人是个靠得住的好男人，我会有一个温暖的大家庭。

公婆的家庭都是欧洲移民到美国的，公公原籍捷克，婆婆原籍德国。2011年是公婆50年金婚纪念，我们回去和兄弟姐妹一起举办了大大的party庆祝。那是小妞第一次去美国的爷爷奶奶家。她观察到，爷爷经常会轻轻搂一下奶奶，或是给她一个暖暖的吻。她说，每次看到这一幕心里就感到特别温暖。那是一种经过半个世纪的相濡以沫、相互了解透彻、相互依赖依恋的安静淡然的爱情表达，非常让人感动。

公公曾经拥有一个大型农机具制造厂，晚年后不想再过于劳心劳力就把它卖掉了。谁知新老板敬重欣赏他的能力和人品，把公公聘回去成了总经理帮忙管理。婆婆退休在家，是个非常能干贤惠的女人，烧得一手好菜，做得一手绝好的针线活。

杰夫兄弟妹妹4个，全部上了大学，而且都有一份稳定的收入和不错的工作，关系非常融洽，也爱自己的配偶和孩子们。杰夫说很感激爸爸妈妈和兄弟妹妹，让他一直生活在一个充满爱的家庭，长成一个正直有爱心的人。

2013年夏天，我们申请父亲和阿姨来美国探亲，公婆带着小姑从爱荷华赶来会亲家，在我们这里小住了9天。每天他们在后院露台上轻松愉快地享受阳光，欢声笑语聊天的情形给了父亲很深的印象，他说看着杰夫的父母和孩子们开心聊天的感觉，“非常和谐温暖。”

每次回爱荷华，夏天，一家老少会在大院子里使用各种大型玩具和道具进行活动。圣诞时，我们多在家里玩各种小型游戏，锻炼眼力、记忆和观察力。有时也全家出动，在后院打雪仗，或带着器具去滑雪。亲情温暖融融。

美国人喜欢在各个地方挂/放满家庭成员的照片，每一张照片，都几乎有一个充满爱意的故事，或记录了一段特别的时光。我第一次到爱荷华时，公公第一时间带我看了各间屋子里的照片，有儿孙们的，也有他和婆婆、他俩的父母及祖父母的。他一一介绍着每张照片里人们的名字、性格以及其他一些细节。我听着非常感动，也对这个家庭的来源和构成有了更深的了解。他们就是如此深厚而骄傲地爱着自己的家。

在公婆家客厅中的小圆桌子上，有一件来自中国的带着家人温暖的“饰品”。那是2009年3月我和杰夫回美国时父亲写给公婆的信，我翻译了再由杰夫手写出译文。他们很珍惜地买了一个小相框把父亲的信和杰夫的手写译文珍藏起来。

这样一个充满爱意和幸福的大家庭，是我在美国的坚强后盾；有一个从这样的家庭出来的男人做丈夫，我内心安全感十足。

很多朋友读了我在博客/微博记录分享的五年美国生活和奋斗经历，很受鼓舞，也希望自己能找到这样的幸福。这几年，向我报喜和表达感谢的朋友不少，他们是因为我的直接或间接鼓励（和我直接的书信来往咨询问题、寻求勇气，或默默阅读我博客里所有的文章慢慢地吸取力量），找到自己的中国/异国爱人或者开始自己的留学生涯；也有希望摆脱目前困境开始新的生活，或有新追求自己人生梦想但勇气不足的朋友问我："我在生活中接触不到外国人，通过网络寻找的跨国婚姻是否可靠？在美国你遇到的最大困难是什么？实现了哪些梦想？"

其实我认识的很多人都通过网站找到自己的幸福了，网上找和在生活里找一样可靠或不靠谱，关键是自己要有分辨能力和良好个性。嫁给西方人也不是每个人都能幸福。除了所嫁男人各方面不同，女人本身的性格和心态非常重要！顾虑太多，胆子太小，个性过于敏感、焦虑、死板或完全寄希望于男人的拯救等，是最大障碍，不管外嫁内嫁都很难得到想要的幸福，嫁到人生地不熟的异国他乡会更孤独和难受。

自己有多大勇气，多大决心，多大能力，能否承受失败，能否成熟地对待婚姻中出现的问题和矛盾，这些都有赖于自己平时注重个人成长，拥有健康而成熟的人格。而遭遇的困难和实现的梦想都是属于我自己的，就是说，每个人不同，没有统一的标准或答案，所以不应该成为你本人的目标。就像我吃不到辣椒很难受而你也许正好不喜辣食。

所以，梦想的实现没有统一的达成方法和标准，但是，我这本书里的经历和感悟可以提供一个强有力的参考经验和强大的正能量，为朋友们在追求梦想的路上助一臂之力。同时，真心感谢和祝福在那崎岖的奋斗之路上观看我和为我加油的你们！

祝福所有追梦人梦想成真！

## 致／谢

这本书能够面世，和很多人有关，感谢父亲遗传给我对阅读和写作的兴趣；感谢女儿给我提出的一些宝贵意见；感谢李鲆老师的牵线搭桥平台；感谢中国青年出版社所有相关设计制作人员。尤其想要感谢以下人员：

1. 我的编辑庞冰心。她的耐心、敬业、对我的尊重和鼓励、她的敏锐眼光和才能，让我深深地感动，也感到深深的幸运。我对她充满敬佩和喜欢。

2. 我的爱人，杰夫。是他带我踏进新世界，是他在我尝试任何梦想时都绝不阻拦，不管必须花费他多少时间、精力、金钱，他都不在乎。他说，“只要你想，就去做。”

3. 另一出版公司离职的编辑雨微。没有她的提议和推动，我不会知道我现在已经有能力写书。虽然每次我感谢她为我开启这个成为作家的梦想之旅，她都马上告诉我：“不要这么说，Jessi，是你的博文和经历先激励了我的梦想，改变了我的人生。我不过是想让更多的人读到你的故事，而改变他们的人生。”

4. 我的新老读者朋友们。没有你们的喜欢和认可，没有你们的围观和调侃，没有你们的支持和鼓励，我不会有那么高的热情去分享，不会有那么强的激情去体悟。你们是庞大数字前的1，没有你们，我只能是0。

最后，在这里对生命中所有给过我温暖和帮助的人送上深深的感谢和祝福！